MW01518004

FriesenPress
One Printers Way
Altona, MB R0G 0B0
Canada

www.friesenpress.com

ISBN
978-1-03-914974-8 (Hardcover)
978-1-03-914973-1 (Paperback)
978-1-03-914975-5 (eBook)

1. SOCIAL SCIENCE, EMIGRATION & IMMIGRATION

Distributed to the trade by The Ingram Book Company

MIRRORS & REFLECTIONS

Knowing Your Power: From One Muslim Immigrant Sister to Another

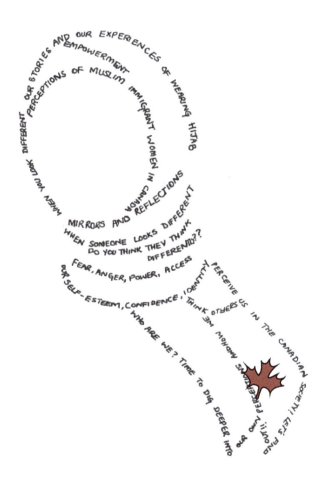

OUR STORIES AND OUR EXPERIENCES OF WEARING HIJAB
EMPOWERMENT
PERCEPTIONS OF MUSLIM IMMIGRANT WOMEN IN CANADA
WHEN YOU LOOK DIFFERENT
MIRRORS AND REFLECTIONS
WHEN SOMEONE LOOKS DIFFERENT
DO YOU THINK THEY THINK DIFFERENTLY??
FEAR, ANGER, POWER, ACCESS
OUR SELF-ESTEEM, CONFIDENCE, IDENTITY
PERCEIVE US IN THE CANADIAN SOCIETY! LETS FIND OUT!!!
THINK OTHERS
WHO ARE WE? TIME TO DIG DEEPER INTO OUR OWN PERCEPTIONS

An Unauthorized Guidebook

by Khulood Agha Khan

About the Author

Khulood Agha Khan- EDD, Doctor of Education from the University of Toronto. I was born in Pakistan, lived in Saudi Arabia, immigrated to Canada 19 years ago and am a Canadian citizen. This guidebook "Mirrors & Reflection: Knowing Your Power: From One Muslim Immigrant Sister to Another" is something I wish I had when I came here to Canada, to be better prepared to face the challenges and systemic barriers. To me, change meant not to portray Muslim immigrant women as passive, suppressed or barbaric as they are seen in the Orientalist view, rather seeing them authoritative in their own way by listening to what they believe in. Usually, we anticipate low self-esteem in Muslim immigrant women due to parental, patriarchal and religious authority. It was not until I interviewed these amazing women and met them through the creative workshop and found that they were so different from my own biases. What I found were the implications of these women from their own experiences. They were not passive victims. These women embraced their parental, patriarchal or religious authority claiming it to be a part of them and who they are. They mentioned how they believe in religion and their elders, but it came across more as their strength than an obstacle to their self-fulfillment. They often used the words respect and modesty when speaking about values, religion, and elders. I believe it is not what diminishes but adds to their self-esteem. With this guidebook, I aim to bring a change in perception about Muslim immigrant women in Canada to see their high self-esteem without judging them by their appearance, values or language because when they are given a chance, they shine in their own domain.

Thank you for your contribution!!

Signed by the Author

MIRRORS & REFLECTIONS

Knowing Your Power: From One Muslim Immigrant Sister to Another

**An Unauthorized Guidebook
by Khulood Agha Khan**

Contents

This guidebook is not authorized and has not been written by the Government of Canada. This guidebook is part of a dissertation in practice. It is based on the experiences of Muslim immigrant women of Canada who were interviewed by the author for the EdD (Doctorate of Education) degree at OISE, University of Toronto (2021). The complete dissertation is available at the OISE library.

This guidebook includes illustrations that are fictional and that have been created by the author to aid the reader in understanding the incidences. The author also created all the poetry and visuals except where specified and cited.

The stories in this book are not fictionalized and are real-life incidences shared by the study participants. Participants have been anonymized and pseudonyms have been used to acknowledge them. However, the images are not intended to resemble any real-life characters/people. These fictional visualizations have been used to support the readers whose first language is not English.

Welcome to Canada

The land of opportunities
The land of dreams come true
The land where we believe
Newcomers grew
There will be times
When you will miss your land
The place of your origin
Your roots, your parents
Perhaps the taste of your food
That might make you feel blue
But remember the big dreams
That are in your eyes now
The reasons for which you flew
Nineteen years ago, when I came here
There were only three things I knew
My family's future, higher education and
Raising my children in a first world country
The search for a better peaceful life
That was long due

However, this peaceful life
Comes with a price
The price we were once ready to pay
The price paid by us few
We come from a different land
A different culture, with a different belief system
We look different
And we have different views
That's why we might be treated differently
but remind them you are human too
Just like them, you are a daughter
A wife and a mother
Who is courageous and embodies her belief
Who is stronger than anyone
And is ready to be busy as a bee

You are the hope - the thing with feathers
Who protects and guards her own
The traditions and generations to come
You are the brightest
Who paves the way for you
A pillar of strength, a backbone
And everyone relies on you

It will take time for you to know others
And for them to know you
Others might be scared of you
Just like you are scared of them
Not knowing does give a fright
Not just to you but others too

But don't let these hiccups
Let you down
You can be sad and miss what you have left
But remember you are here
Remember the dreams
You have in your eyes now
And make them your goals
To guide you through
Any hurdles that come along
Should not let you down
Because you chose this land
For your generation to prosper
to blossom and to grow!

Khulood Agha Khan

Land Acknowledgment

Before we talk about the experiences
Of Muslim immigrant women here
There's something that you must know
About this land of dreams
A little history of Canada
that likely came from Kanata
A beautiful village where you plan to grow

Although we know this place
As a land of whites
Who speak English or French
With green eyes or blue
Who we thought of as only elite
And the first world belongs to them
Who are righteous and educated
Without any greed

But that is the twist,
The truth that was never told
This Turtle Island belonged to the Indigenous
For whom this place was their own
The whites were also once immigrants
Just like you and I
In search of peace and a better life
An immigrant reality well known

Here is what makes you different

Than the whites

Who came here before

They captured the land

The land of the Natives

Who never wanted it to be sold

For whom this land was priceless

More precious than gold

These migrants stole the Indigenous land

And try to mould

Their identities, their lives

And every story they have ever told

Respect the people who host this land

As initially, you might learn differently about them

But think twice before you judge them

They are the ones who have shared their home

Don't be blinded by what you see

Know those who have traditions and

Connections to their roots

Similar to what makes us WE

Who have welcomed all the guests

Have opened their hearts

Have shared their traditional territory

and given us a place to belong!!

Khulood Agha Khan

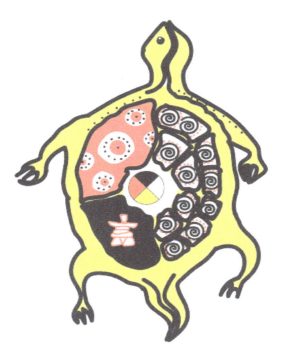

Khulood Agha Khan

This art is inspired by the Turtle painting of Canadian Indigenous artist Jim Oskineegish, who uses the Ojibwe Woodland style.

Introduction

Dear Muslim Sisters,

As I mentioned above, this guidebook is not an authorized book by the government of Canada, but it is something I wish I had when I landed in this country. There are many things that I have learned over time, interacting with Western people. Initially, I thought I was the only one who had to face systemic barriers; however, after years, I realized that many more Muslim immigrant women like me have similar experiences. These experiences change with your social location and economic situation. Some generalized Western stereotypes regarding Muslim immigrant women's identity make navigating everyday life full of challenges, yet Muslim women rise above these challenges each day. Muslim immigrant women have the attitude to conquer the world without worrying about what anyone has to say, without looking into anyone's eyes – only keeping their eye on their goals in life. The Western, Islamophobic gaze does not matter to them.

Muslim immigrant women in Toronto encounter systemic barriers in the form of microaggressions and stereotypes against them because they embody Islam and keep their gaze lowered. However, their lowered gaze does not mean that they have lower self-esteem. This guidebook includes curated stories and real-life incidences that uncover examples of systemic barriers that Muslim immigrant women have faced in Canada. This guidebook also shows examples of their resiliency and how they "look back" at the West, despite these systemic barriers, through their unstoppable creativity.

Systemic Barriers

Encountered by Muslim Immigrant Women in Canada

Hina's Story- At the Park

I want to mention one incident that was a first that kind of shook me. My husband and I went to one of these conservation parks in the suburbs of Toronto. It was a beautiful sunny day in the fall, and the park was packed with cars and people. It was boiling there. As we parked, there was a white blonde male who came to us and started yelling. I wouldn't call it to harassment, but he was not pleasant. He was loud and began to hit our car bonnet with his hand. He was upset why we did not leave any space at the opening, even though there was much space. There were many other cars over there, and our vehicle was not hindering anything at all. We just felt like that was an attack. It felt like the way we looked triggered his not-so-kind self.

> "
>
> **It felt like the way we looked triggered his not-so-kind self.**
>
> *Hina, 2021*

Aqsa's Story-In A Classroom

As an immigrant student in Canada in middle school, I felt like the teachers didn't like me. They did not like me to a point where one time I was answering a math question, and I had gotten it right, but my white teacher miscalculated. She assumed that I was wrong. So she started banging her head against the whiteboard to make fun of me. The whole class was laughing at me. Then she said, "Oh wait a minute, she is right." She just glossed over it, did not apologize for her behaviour at all.

> "
> **She started banging her head against the board, and the whole class was**
>
> **laughing at me.**
>
> *Hina, 2021*

Aqsa's Story-Walking to An Ice Cream Parlour

I'm living in the outskirts of Toronto. Walking downtown here was quite an experience on last Eid Day. My sister and I were wearing our abbaya, the black robe, when we decided to go to the nearest ice cream parlor. As we were walking down Main Street, it appeared that people were grabbing their children, pulling them closer to them, away from us. We were just in the mood for pancakes and ice cream from local shops. I don't know if you know, yeah. People were actually pulling their children away to the side. I did not understand what was happening, but, it seemed that people were afraid of us.

People were actually pulling their children away to the side. I did not know what was happening, but, it seemed that people were afraid of us.

Aqsa, 2021

It was definitely an interesting behaviour to see when I wore my abbaya.

GROCERY STORE

Mahira's Story- At a Grocery Store

Once in Oakville, I was at a grocery store. There was a lady in front of me and an old white lady behind me waiting to check out. We were in the express line. The lady in front of me put her groceries first, and then I put mine, waiting for her to finish. She had to go to her car as she forgot her wallet. She left the store to bring her purse when the white lady behind me got very upset and said to me, "Listen, you don't understand this is an express line. Why did you get all of this stuff here?" I did not say anything. I had one item on the belt. She was an old lady, and my religion says that I must not mistreat the elderly.

The white old lady behind me never apologized for being rude.

Mahira, 2021

So I just kept silent. Finally, the other lady came, paid, and I proceeded. The white old lady behind me never apologized for being rude. It gave me an awful feeling.

12

Reema's Story- On The Road

I felt stereotyping and hatred one time. A car stopped near me, and the guy in the car yelled at me, "Go back to your own country." I could feel hatred in this tone. I was so scared. What came to my mind was if he was armed? Was he going to shoot me? We all know that there have been many incidences where Muslims have been targeted and hurt in the West because of their religion. It made me think, "Is this not my country?"

"

A car stopped near me and the guy in the car yelled at me, "Go back to your own country."

Reema, 2021

Farah's Story- At the Hotel Reception

I was only 19 at the time. I remember a guest came to our hotel to stay. I tried to check him in, but he told me that he didn't want a Brown "B" helping him out. He asked for my manager. When I told my manager, she said if he doesn't want a Brown "B" he would have to talk to this Black "B". My heart was racing, and I was so scared of what is going to happen. She went to the front, looked at him, and asked him, "Sir, you're looking for the manager?" He said, "Yeah, where is he?" She said, "You're looking at her right now, and how can I help you?" I remember him saying, "Are there no more white males who work around here anymore?" And

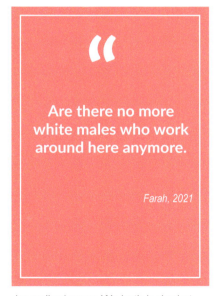

> "
> **Are there no more white males who work around here anymore.**
>
> *Farah, 2021*

he walked away. We both looked at each other. I guess we were glad that he was gone and that he was not staying with us that night.

14

Shameem's Story- Working during Election

I was 22 years old in 2015. I got a chance to work at a polling station. During the 2015 elections, I was working at one of the polling stations. I had a white female supervisor who was in charge at that time. I went to pray for Duhur and Asar's prayers during my shift. It must have taken 10 minutes each time. I could feel it bothered my supervisor. She commented on my praying with one of the people at work, that she doesn't find it professional that I was working and having to pray during my shift. She was very agitated. It did throw me off guard because it was the first time that I can remember having someone discriminate against me.

> " When praying during a work shift. I could feel it bothered my supervisor. She commented on my praying with one of the people at work.
>
> *Shameem, 2021*

15

Faiza's Story-At a Job Interview

I came here looking for a job, which is the hardest thing to do. I was going to interviews. After applying to many, one office called me back. After the interviews, nobody was calling me back. I went for this interview. It was for a councillor role. I will never forget that day. During the interview, they looked at me weirdly. When I was picked for the interview, they didn't know if I was Muslim or not, African or not, black or not black. I immediately understood the way they looked at me and their body language that they do not like me. I kept quiet until the end. At the end of the interview, they said they would give me their responses in two days. I said, "You know what, your body language told me everything. So you don't need to waste your paper to write me a regret letter." They stared at me. I told them that, "The way you looked at me when I came, I knew that you're not going to take me. Now you will say that I have everything as background, but I don't have Canadian experience. The only remark that you can give to me. I don't have Canadian experience, but who is going to provide me with Canadian experience if somebody will not give me a chance. I don't understand your Canadian experience. But you know what? One day, you will see the same black woman in front of you being a leader in this country."

> **During the interview, they looked at me weirdly.**
>
> *Faiza, 2021*

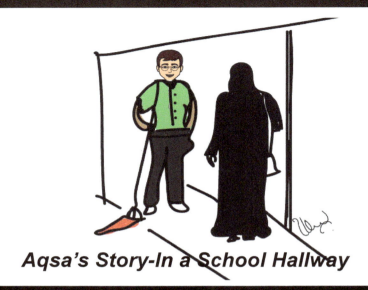

Aqsa's Story-In a School Hallway

Muslim women who wore not only a hijab but also an abaya had to face one level up for discrimination.

I was working as a supply teacher in a public school. When I was walking into the school as a supply teacher, I was supposed to wear their tag. But that day I had forgotten my ID at home. As I was walking into the school and signed into the office, a janitor decided he needed to block my way. He stood in the hallway with his arms open wide and asked me who I was. I told him that I was supplying as a teacher, but he said he needs proof. I told him that I have been to the office, but he did not believe me. I felt degraded the way he took me to the office to confirm. I felt ridiculous for his behaviour. Once he found out that I was a teacher, he still did not apologize. My appearance did matter to the people at work and around me.

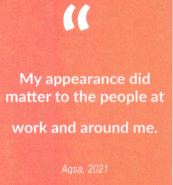

> My appearance did matter to the people at work and around me.
>
> *Aqsa, 2021*

17

Ryha's Story- English as Second Language

This story is not an incidence of discrimination, but it is more a feeling that I think I am responsible for. I have been working in the same public school for the last eight years as a volunteer and a lunchroom supervisor. Every time I go to school, I have to sign in at the office and explain why I am there for. Every time I feel, the office staff, including a secretary, is upset or angry when she has to talk to me because I "did not speak good English." I can feel her frustration when she cannot understand me. I sometimes think about all the families and children who came there and did not speak good English. What did they do? How did they feel?

I can feel her frustration when she cannot understand me.

Ryha, 2021

18

Zara's Story-Wearing Hijab At Work

Working at a coffee shop, I was serving customers that were going in and out. One Canadian Caucasian man, while I'm making his coffee, asked me to take that thing off of my head. I was like, "Pardon me?" I thought maybe I did not hear this right. And then while I asked him to repeat it, he said to me, "You heard me right. Take that thing off of your head." I was just utter surprised as it was the first time someone has said something like that. I was not expecting that. I was shocked.

He said to me, "You heard me right. Take that thing off of your head."

Zara, 2021

Farah's Story- Working at a Public School

In 2018, I got my first LTO – longterm-occasional contract – in a predominantly white community. I was the only South Asian teacher there, and I was the only brown Muslim teacher within the community. So I felt my religion and my culture played a significant role in my job. That year when I walked into my classroom for the first time, and I saw 27 students who were all white, who looked at me like I was an alien. I had comments for the first month where I had a student who thought that because I was Muslim that I was a terrorist and that I was going to blow everybody up. I had a student who threw a chair at me because I was different from how they were. I had parents also who didn't think that I was competent enough in my job.

"I had comments for the first month where I had a student who thought that because I was Muslim that I was a terrorist and that I was going to blow everybody up."
Farah, 2021

They didn't feel I was fit for that job, the school, or that community, simply because of my culture and religion.

20

Aqsa's Story-Working as a Teacher

A couple of months ago, I was supplying at a school, and I got a letter from HR the day after supplying. They said that we need to have a meeting with you. It was urgent. The principal had reported me for a certain incident, and they would like to speak with me about it. I had no idea what the incident was. They waited a whole week to have this meeting with me, so I was anxious. When they finally met, the principal described an entire scenario that I was not a part of. She said that I was disrespectful to the gym teacher. I said this was not me. She said that this was unprofessional. I listened, and I waited for her to finish, and I said, "I'm sorry, but that's not me." She asked me what did I mean? She was confident that it was me. I told her that I've never spoken to the gym teacher in my life at that school. I've never met him. She said that I was in denial. I said to her, "No, I'm going to stop you. It wasn't me. You need to go back and look into it because it wasn't me." I was shaking and crying inside. It felt so unjust. She said that she was going to investigate. So they went away for about a week. That whole week I felt scared and nervous. Then HR sent me an email saying that they would like a meeting with me. Unfortunately, the principal of that school was not there for the meeting this time. The HR told me that she has decided to drop all of it, and they will not put a letter in my file. I said, "Hold on a minute. You don't just get to drop it, and just like nothing happened. You put me through so much for two weeks of me crying and being worried." HR said that, "The principal does not see that she must speak to you at all." So, they dropped it. I talked to my union, and they told me to drop it. I knew it was not me, and I deserved an update and a formal apology, but my union said, "Don't bother!"

"I knew it was not me, and I deserved an update and a formal apology, but my union said, "Don't bother!"

Aqsa, 2021

Positive Interactions

Encountered by Muslim Immigrant Women
in Canada

Supportive Canadian Women

It is also important to mention that although this EdD study focussed on the systematic barriers faced by Muslim immigrant women in Canada, I have been privileged with positive interactions with some most amazing Western women.

While working in HDSB (Halton District School Board), I had a mentor principal who guided me in my teaching profession, who for years gave me opportunities to work with her and who became my reference for getting admitted into universities for higher education.

Two other principals and a vice principal together helped me focus on social justice and guided me to apply my learning to an academic institution and lead the equity stance as an educator in an HDSB school.

One of my professors from the University of Toronto supported and guided me to reach my academic goal. She provided ongoing support in the form of meetings and discussions and gave me opportunities to be the discussant with the other university students. All these women who supported me were Canadian, but they only supported me to reach my best. Their guidance and reference helped me get admitted to one of the world's best institutes to pursue my doctorate education.

Khan, 2021

Finding My Identity

I'm not sure how much my example reveals my identity, but I want to try. When I came to Canada, I came from Dubai. I was seven years old when I first came here, and I was in the Don Mills/Sheppard area where the Fairview Mall is. And at that time, it was, in particular, people from different parts of the community. And when I got there, I didn't feel out of place because I felt like a lot of people like me, who were my age, were with me. My classmates came from the same environment where I came from. They came from Middle Eastern countries or they came from South Asian countries. Coming here at the age of seven was a big cultural shock for me. I was used to being in an all-girls school where everything was much gendered. Coming into this public school environment, everything was different. The approaches were very different. I was finding it very challenging to be able to adapt to this new environment. My parents were constantly working. I barely saw my parents because we were new to the country and it was a form of establishing ourselves. My teacher knew that my struggles. I thought I was somebody who was quite chatty before, but when I was seven, I found that I isolated myself. I didn't really, I couldn't mix around with people. I didn't want to talk to people. I just wanted to be by myself, or I just didn't want to come to school at all. It was two extremes for me. It took a while for me to actually understand the new culture. One of the things that I actually enjoyed was reading poetry. However, I'm awful when it comes to actually write poetry. One of the things that my teacher gave me was this book. It's called ***Who? What? When? Where? How? Why? A Story about a Life.*** It's a story about a little girl who was very similar to my story. She was living in this big world where she finds that it was very hard for her to adjust. The book is a personal narrative, but it also has different orms of poetry when she talks about her own individual stages, including fher life from her school and be able to have friends. I think I was able to relate to her.

Gordon, R. (2018). Who? What? When? Where? How? Why?: A Story about a Life. Renewritesbooks.

Farah, 2021

References

Interviews

Aqsa, Interview with Author, March 20, 2021, Toronto, Ontario.
Dua, Interview with Author, March 6, 2021, Toronto, Ontario.
Faiza, Interview with Author, March 6, 2021, Toronto, Ontario.
Farah, Interview with Author, March 20, 2021, Toronto, Ontario.
Hina, Interview with Author, March 13, 2021, Toronto, Ontario.
Mahira, Interview with Author, March 13, 2021, Toronto, Ontario.
Mariam, Interview with Author, March 6, 2021, Toronto, Ontario.
Reema, Interview with Author, March 13, 2021, Toronto, Ontario.
Ryha, Interview with Author, March 6, 2021, Toronto, Ontario.
Sara, Interview with Author, March 13, 2021, Toronto, Ontario.
Shameem, Interview with Author, March 20, 2021, Toronto, Ontario.
Zara, Interview with Author, March 20, 2021, Toronto, Ontario.

Muslim Community Resources

- Toronto Islamic Centre, 817 Yonge St, Toronto, ON M4W 2G9
  https://torontoislamiccentre.com/

- Jami Mosque Toronto, 56 Boustead Ave, Toronto, ON M6R 1Y9, (905) 403-8406

- ISNA Canada, 2200 S Sheridan Way, Mississauga, ON L5J 2M4, (905) 403-8406
  https://isnacanada.com/

- Islamic Community Centre of Milton, 8069 Esquesing Line, Milton, ON L9T 7L4,
  (905) 878-3292
  http://www.icnamilton.com/

- Mississauga Muslim Community Center, 2505 Dixie Rd, Mississauga, ON L4Y 2A1,
  (905) 270-4900
  https://www.mmcc-canada.org/

- Al-Mahdi Islamic Community Centre, 510 Concession 3 Rd, Pickering, ON L1X 2R5
  https://cig.ca/

- Islamic Foundation (Nugget Mosque), 441 Nugget Ave Room B14, Scarborough, ON
  M1S
  5E1, (416) 321-0909
  https://www.islamicfoundation.ca/

- Masjid Darussalam (Islamic Society of Toronto), 20 Overlea Blvd, East York, ON M4H
  1A4,
  (416) 467-0786
  http://islamicsocietyoftoronto.com/

- The Ismaili Centre, Toronto, 49 Wynford Dr, North York, ON M3C 1K1,
  (416) 646-6965
  https://the.ismaili/ismailicentres/toronto/visiting-toronto

- Muslim Food Bank Community Services, +1 866-248-3868
  muslimfoodbank.com

- Muslim Children's Aid & Support Services (MCASS), 1855 Lawrence Ave E, Scarborough, ON
  M1R
  2Y3, (416) 907-9407
  https://muslimchildrensaid.com/

Wellness Resources

- Perceived Stress Scale: https://das.nh.gov/wellness/docs/percieved%20stress%20scale.pdf

  You can measure your own stress by using this link.
- Mind Tools – Managing Stress: https://www.mindtools.com/pages/article/managing-stress.htm

  Mind Tools is a professional development website with multiple free resources for managing stress.
- Stress Tools: https://www.mindtools.com/pages/main/newMN_TCS.htm

  Provides strategies to understand and reduce stress.
- Stress Diary: https://www.mindtools.com/pages/article/newTCS_01.htm

  Stress Diary is an excellent template put together by Mindtools.com. It helps make us aware of when we are stressed, how we get stressed and how often we are stressed. Once you've identified how you exhibit stress, you can start fleshing out a plan that works best for you.
- Stress Management PDF: https://www.therapistaid.com/worksheets/stress-management.pdf

  It will help you to put in place some solid solutions, such as social supports, emotional skills, ideas for a healthy life balance, and how you can best attend to your basic needs.
- Ten Point Plan: http://www.fosteringresilience.com/pdf/stress_management_plan.pdf

  This ten-point plan from www.fosteringresilience.com is easy to put together to help manage your stress.
- Stress Assess: https://stressassess.ca/

  Stress Assess is a free tool and resource provided by the Occupational Health Clinics for Ontario Workers that was developed to address specific concerns within the Canadian workplace.
- Healthy Minds at Work (Canadian Centre for Occupational Health and Safety): https://www.ccohs.ca/healthyminds/

  This is a Government of Canada website that includes hundreds of resources to achieve psychologically healthy work environments. You can find everything on this website from legislation to stress mitigation strategies.
- Mental Injury Tool Kit: https://www.ohcow.on.ca/mental-injury-toolkit.html

  This guide and resource kit provides workers with a basic understanding and a place to start to learn about workplace stress and what to do about it. The guide gives definitions and provides information on common causes of mental distress, legal frameworks (focusing on Ontario), possible actions to take, and resources available. It is an introduction and action guide created by workers for workers.

Strategies to Deal with Islamophobia & Microaggressions

Along with the list of resources mentioned in this guidebook, here are some of the strategies that Muslim immigrant women found helpful to deal with anti-Muslim racism (Islamophobia) and microaggression in Canada:

- Some Muslim immigrant women found ways around making an eye contact when they did not feel comfortable in making one. They look near the ears, or around the head to pretend to make an eye contact.

- Some Muslim immigrant women practiced making eye contact in front of the mirror for the job interviews.

- Often Muslim women felt pity for these people who seemed ignorant and who lacked respect for towards them. In fact, it was important to note that challenging situations should not make Muslim women think that they lacked anything. Rather, they should think about how the others lack the characteristics of respect and/or humanity.

- Often Muslim immigrant women picked and chose their battles. They chose to ignore the incidences where others try to intimidate them with microaggressions when it was one time interaction. For example, in grocery stores. But they took time and made an effort to communicate how bad they felt because of a racist or Islamophobic situation if it was a long term relationship. For example, at work or at university.

- Often Muslim immigrant women shopped at specialty grocery stores to avoid Islamophobic and racist situations. They found it easy to explain special groceries and what they needed from a store to a person who felt more like themselves, rather than trying to explain it to a white salesperson.

Unstoppable Creativity

Mirrors & Reflections

One little girl looking in the
Mirror on the wall
Feeling good while brushing her hair
When she hears her grandma
Yelling across the hall
Grandma asks what are you doing,
Looking in the mirror
The girl looks back in confusion
With no answer at all
She thought about what she was doing
Before she was called
Other than looking at herself
There was nothing that she could recall
While she is still thinking
Grandma calls her mother
And complains to her
About her daughter looking in the mirror
A mirror on the wall
The mom looks at grandma confused
Grandma senses her argument palled
then she continues...

She is making herself look pretty
She was singing
There must be someone in her life after all
The mother gets really angry
When she hears grandma
Relating her daughter's sense of self
To a random pal
The girl feels nervous and embarrassed
Tried to explain it all
But she is shut in her shell
Taking the cultural fall
Anytime now she looks in the mirror
She wants to make sure
That no one is near
She is scared her heart yowls
Is it wrong to feel good about yourself?
Is it wrong to acknowledge the self?
What is the kind of thinking that has been
installed?
In the mind of that young gal
Her crushed self-esteem
Is it her downfall?

Khulood Agha Khan

Starry Night

Reema, 2021

I'm more on the artistic side like the traditional art. I've been drawing since I was about 10. Usually for fun. When you see TV shows you try to imitate them. For example, you see the spies or other kids' shows that you see as a kid. You want to draw it out.
But as I grew older, I started painting more with acrylics and oil. My most recent painting is, about, a year old. It is a jacket. It has a Starry Night on it that I have painted. I try to paint it as closely as I could to imitate it. For me, if someone says something, I can ignore everything else. I put my goals first. I just focus on the painting at hand and I don't have to worry about anything else. In my mind, it's just what's on the page in front of me. I enjoy the feeling of the paint on my hands. I like getting my hands messy. The physical touch of the paint and the brushes helps me ground and also grounds my emotion.

Reema, 2021

Taste of Homeland

I love cooking. It makes me feel closer to home. Sometimes when I miss home, or I am sad or I am missing my mom, I like to cook her recipes. One of my most favourite things from her cooking is Thahari. Its aroma reminds me of my land, my people, and my mother. Let me share my mom's recipe with you!

Sara, 2021

Sara, 2021

Recipe for Tahari:
Ingredients:-
1 kg goat or lamb meat with bone
1/2 kg basmati rice (washed and soaked for
an hour)
1 big onion sliced to be fried
1 cup oil
1 cup fresh green peas
2 cups fresh green beans cut into 3 pieces
each
1 large potato cut into medium size cubes
2 kg tomatoes diced
2 big bunch of fenugreek leaves (just leaves)
2 lemons
Spices: salt to taste (needs least 3 tea spoons of salt)
2 teaspoons red pepper
2 tablespoon fresh ginger garlic paste
1/2 teaspoon turmeric powder
1/4 shazeera
1 stick cinnamon
5 cardamon
6 cloves
1/2 teaspoon garam masala powder

Method:-

First step:-Fry onion to golden brown (Remove from oil and keep aside)
-Take half of the fried oil
(keep the rest for frying vegetables)
-In about 1/2 a cup of oil, add ginger garlic paste and stir for a min. Then add all remaining spices to it and immediately add the mutton.
-Now cook mutton till it's tender (use cooker if needed)
-In a large cooking pot, stir fry vegetables (except tomatoes and fenugreek) separately one by one and set aside
-Lastly, add tomatoes and fenugreek in the same pot and cook until tender
-Mix in the stir-fried vegetables with the tomato
-Add 2 cups of water into the vegetables and
add washed rice and mix thoroughly
-Add I whole lemon juiced into the pot along with the garam masala powder and stir again
-Cover pot with lid and let simmer for 30–40 mins or until rice is fully cooked.

Qul Hu Allah Hu Ahad

Aqsa, 2021

I love painting. I go to places like paint nights with my friends. I recently had a friend of
mine host the paint night. She's an artist. She has a studio here in Toronto. It was an Islamic paint night. This painting is one of the things that I was able to paint. It is my creative piece, the calligraphy. So it says, **"Qul hu Allah hu Ahad." It means, "Say, He is Allah, [who is] One."**
I love this piece as it puts two things that I love together: painting and my religion. It shows my love for my Allah in the form of a painting.
This verse is something that I teach my son to say every morning as we believe that saying that Allah will keep him in his protection. It means a lot to me. It was my first time doing calligraphy so it was a little difficult. It involved a lot of
measuring, but it turned out amazing.

Aqsa, 2021

Peace in Village Life

I love the village designs. It is the fresh air and the way people live in a community. So I love that. If you come to my office, everywhere you can see a designed picture of the village woman working, having a baby at the back. I collect village paintings. It feels like that's me in the pictures. It reminds me of Motherhood – love for children and love for the community. It reminds me of my land, my home country. It is a part of who I am.

Faiza, 2021

Muslim By Design

I have a degree in design. I worked as an interior designer and graphic designer before I became an Early Childhood Educator. I've always been a very crafty person. I realized after my late 20s that it's actually a very powerful tool of destressing for me. One of my major forms of de-stressing and craftiness is doing Mehndi or Henna. I don't have enough arms in the world, enough space or enough people around me so I just start doing it on paper. During COVID times when I was unemployed for a bit, I actually decided to go ahead and start a little business. I started making my designs. I'll see if it ever becomes something big. I also like to share that I am an old soul. I love crocheting like a grandma. I love making blankets because I feel like once I know the pattern I don't have to think about it. I feel like I always have to move my fingers just to be able to concentrate. Even when I was in school, I had to tell my teachers that "Please don't think that I'm not listening to you, I have to type and just look at my screen in order to focus more." So I always have to fidget with something. Crocheting really helped with that because you can just keep moving your fingers.

As a Muslim living in Canada, I am making an effort to become a better Muslim. I'm trying to create that environment where learning about life becomes easier.

I just made an EID/Ramadan calendar similar to the advent calendar, for my nephew, because I don't have any kids of my own. I do all these things for him. I crocheted these little baggies. These crochet pouches have some chocolates and a little chit of information about Ramadan and Islam. It is a very basic idea. I document everything that I create for crochet without the intention of selling for now. But whenever I'm ready to sell, I will have everything ready.

Hina, 2021

Hina, 2021

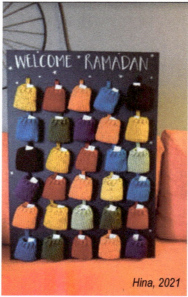

Hina, 2021

Podcasting Passion

I always wanted to be in the broadcasting field. I've always dreamt of it. Just being able to talk to people, as a public speaker of some sort. With the technological advancements, I thought podcasts are my thing. I've been contemplating the idea for four months now, but my days are packed with my work, my studies and my three children. I just never had the time to just sit down to focus and decide on what I want to be doing. In the future, I see myself doing a podcast series of some sort. Maybe about my personal journey. It could help other female Muslims survive in today's world. That's the vision I have for my future.

Mariam, 2021

The Power of Stitching

Mahira, 2021

This stitching is originally for Palestine, my culture. The stitch is like patterns. When I feel all alone in Canada, I stitch. I love stitching. This hobby helps me vent when I feel stressed out or if I feel like just sitting in a corner by myself. It is hand stitching; no machines are used. That's my mom's teaching. My mom and my grandma taught me. She taught me that when I was like seven, eight. Back in the day, we didn't have the electronics that we spend all the time on now. We have to have something like a hobby or a skill to learn especially in the summertime. I believe this is what I identify with, my roots, my culture and my teachings.

Mahira, 2021

I Stand!

What do you see when you look at me,
Do you see someone restricted, or someone free?
All you do is just look and stare,
Just because you can't see my hair.

"Do you ever wash your hair?"
"Are you bald?"
"Do you sleep with that on?"
"Do you have a bomb under there?"
"You must be hot wearing it, just take it off."
I can feel my hijab pin jabbing into my head
Because these hurtful words are difficult to forget.
I am walking away from you.
My pain and my tears are not seen,
Because you don't want to understand me.
On my first job interview,
I was asked to remove my hijab.
She was clicking her pen
And she was nervous herself.
"The customers might not like being served by you."
My eyes and mouth were wide upon
And I couldn't speak,
As if I were frozen.
She was not looking at me and
I could see her embarrassment.
I was ready to throw her pen in her face,
But instead I stood up and laughed at her.

The worst is going through customs,
As I become the target of being someone I am not.
Your eyes widen and you watch me like a hawk.
I can hear you whispering about me,
As I wait to be called out.
In your dark rough voice, you say
"Ma'am, step aside, random check."
My face turns red and my body shakes
I was ready to scream
"STOP JUDGING ME!"
I am ready to face you.
To prove you wrong,
I wear my hijab.
I wear them in all the colours of the world.
I wrap around my head my favourite hijab,
The soft red cotton one, especially to show love.
At the end of the day,
Hijab is my identity, my choice, and my right.
I stand tall and proud!

Zara, 2021

I wrote this poem for my niece. She asked me questions about my hijab. I thought when she will grow up, this poem will help her understand the experiences of a woman in a hijab.

میں کھڑی ہوں!

جب آپ میری طرف دیکھتے ہیں توآپ کیا دیکھتے ہیں؟
کیاآپ مجھے قید میں یاازاد سمجھتے ہیں؟
،آپ بس دیکھتے اور دیکھتے رہتے ہیں
صرف اس وجہ سے کہ آپ میرے بال نہیں دیکھ سکتے ہیں
آپ سوچتے ہیں
کیاآپ کبھی اپنے بالوں کو دھوتے ہیں؟
کیامیں گنجی ہوں؟
کیاآپ اسی کے ساتھ سوتے ہیں؟
کیاآپ کے پاس بم تو نہیں ہے؟
آپ کواسے پہن کرگرم ہونا چاہیئے ،بس اسے اتار دو۔
میں اپنے حجاب ک پن کواپنے سرمیں محسوس کر سکتی ہوں
کیونکہ ان تکلیف دہ الفاظ کو بھولنا مشکل ہے
میں تم سے دور چل رہی ہوں
میری تکلیف اورآنسو نہیں دیکھائ◌ نہیں دیتے
کیونکہ آپ مجھے سمجھنا نہیں چاہتے

،میرے پہلے نوکری کے انٹرویو پر
مجھ سے اپنا حجاب اتارنے کو کہا گیا۔
وہ اپنے قلم کے بٹن سے کھیل رہی تھی
اور وہ خود ہی گھبر رہی تھی
شاید گاہک آپ کی خدمات پسند نہ کریں۔
میری آنکھیں اور منہ دونوں کھلے تھے
،اور میں بول نہیں سکتی تھی
گویامیں منجمد ہوگئ◌ تھی
وہ میری طرف نہیں دیکھ رہی تھی
میں اس کی شرمندگی دیکھ سکتی تھی
میں اس کے چہرے پراس کا قلم پھینکنے کے لئے تیار تھی
لیکن اس کے بجائے میں کھڑی ہوئ◌ اوراس پر ہنس پڑی

بدترین تجربہ ہوائ◌ کہ ٹم سے گزرنا ہے
جب میں کسی ایسی نظر سے دیکھا جاتا ہوں تو میں نہیں ہوں
ان کی آنکھیں وسیع ہوجاتی ہیں اور وہ مجھے باز کی طرح دیکھتے ہیں
میں ان کومیرے بارے میں سرگوشی کرتے ہوئے سن سکتی ہوں
مجھیالگ سے پکارا جانے کا انتظار ہوتا ہے
وہ اپنی گہری، کھردری آواز میں کہتے ہیں
میم اس طرف آیئے ، اتفاقی جانچ ہے
میراچہرہ سرخ ہوگیا اور میراجسم کانپ اٹھا
میں چیخنے کوتیار تھی
مجھے روکنا بند کرو
میں ان کا سامنا کرنے کے لئے تیار ہوں
آپ کو غلط ثابت کرنے کے لیئے
میں اپنا حجاب پہنتی ہوں

میں نے یہ نظم اپنی بھانجی کے لیے لکھی ہے۔ اس نے مجھ سے میرے حجاب کے بارے میں سوالات پوچھے۔ میں نے سوچاکہ وہ جب بڑی ہوگی، یہ نظم اسے حجاب میں عورت کے تجربات کو سمجھنے میں مدد دے گی۔

میں انہیں دنیا کے تمام رنگوں میں پہنتی ہوں
میں اپنے پسندیدہ حجاب کواپنے سر پر لپیٹتی ہوں
نرم سرخ روئی سے بنا خاص طور پر محبت کا اظہار کرنے کے لئے
،دن کے آخر میں
حجاب میری پہچان ، میری پسند، اور میرا حق ہے
میں سینہ طان کر اور فخر کھڑی ہوں!

سلائی کی طاقت

Mahira, 2021

یہ سلائی اصل میں فلسطین، میری ثقافت سے آئی ہے۔ اس ٹانکے کے اپنے پیٹرن ہیں۔ جب میں کینیڈا میں خود کو تنہا محسوس کرتی ہوں، تو سلائی کرتی ہوں۔ مجھے سلائی پسند ہے۔
یہ شوق مجھے اداسی ختم کرنے میں مدد کرتا ہے جب میں دباؤ محسوس کرتی ہوں یا اگر مجھے لگتا ہے جیسے خود ہی کسی کونے میں بیٹھی رہوں۔ یہ ہاتھ سے کی گئی سلائی ہے۔ اس میں کوئی مشینیں استعمال نہیں کی جاتی ہیں۔
یہ میری ماں کی تعلیم ہے۔ میری ماں اور میری دادی نے مجھے یہ ٹانکے سکھائے ہیں۔ جب میں سات، آٹھ سال کی تھی۔ دن میں، ہمارے پاس الیکٹرانکس نہیں تھے۔ ہم سارا وقت کسی شوق یا مہارت حاصل کرنے میں گزارتے تھے۔ خاص طور پر گرمیوں کا وقت سیکھنے میں گزرتا تھا۔ یہ سلائی میری شناخت، میری جڑیں، میری ثقافت اور میری تعلیمات کا حصہ ہیں۔

مہیرہ، 2021

پوڈ کاسٹنگ کا جذبہ

میں ہمیشہ نشریاتی ادارے میں کام چاہتی تھی۔ میں نے ہمیشہ اس کا خواب دیکھا ہیکہ کسی طرحا کے عوامی
اسپیکر کی حیثیت سے ، لوگوں سے بات کروں۔ تکنیکی ترقی کے ساتھ، میں نے سوچاکہ پوڈ کاسٹ ایک اچھا
طریقہ ہے۔ میں پچھلے چار مہینوں سے اس خیال پر غور کر رہی ہوں، لیکن میرے دن میرے کام، مطالعات اور
تینوں بچوں سے بھرے ہیں۔ مجھے ابھی تک اتنا وقت نہیں ملاکہ میں بیٹھ کر فیصلہ کروں کہ میں کیا کرنا چاہتی
ہوں۔ مستقبل میں، میں خود کو کسی طرح کی پوڈ کاسٹ سیریز کرتے ہوئے دیکھ رہی ہوں۔ شاید میرے ذاتی سفر
کے بارے میں۔ اس سے آج کی دنیا میں دوسری مسلمان خواتین کو زندگی گزارنے میں مدد مل سکتی ہے۔
میرے مستقبل کے بارے میں یہی
ارادہ ہے۔

مریم، 2021

مسلمان بذریعہ ڈیزائن

میرے پاس ڈیزائن کی ڈگری ہے۔ میں نے ای سی ای بننے سے پہلے انٹیرءر ڈیزائنر اور گرافک ڈیزائنر کی حیثیت سے کام کیا۔ میں ہمیشہ ہی ایک بہت ہی دستکاری انسان رہی ہوں۔ جب میں بئیس سال کی ہوئ تو مجھے احساس ہواکہ یہ دراصل میرے لئے ذہنی دباؤ سے بچنے کا ایک بہت ہی طاقتور ذریعہ ہے۔ ذہنی دباؤ سے بچنا اور دستکاری کے لیئے میں مہندی لگاتی ہوں۔ میرے پاس دنیا میں اتنے ہاتھ نہیں، نہ ہی جگہ اور نہ ہی میرے ارد گرد اتنے لوگ ہیں لہذا میں نے اس لیئے صرف کاغذ پر مہندی کے ڈیزائنر بنانا شروع کردیئے ہیں۔ کوویڈ اوقات میں جب میں تھوڑی دیر بے روزگار تھی، میں نے حقیقت میں آگے بڑھنے اور چھوٹا سا کاروبار شروع کرنے کا فیصلہ کیا تھا۔ میں نے اپنے ڈیزائن بنانا شروع کردیئے۔ میں دیکھوں گی کہ یہ کبھی کچھ بڑا کاروبار بنتا ہے۔

میں یہ بھی بتانا چاہتی ہوں کہ میں بوڑھی روح ہوں۔ مجھے دادی کی طرح کروشیا کرنا پسند ہے۔ مجھے کمبل بنانا پسند ہے کیونکہ مجھے ایسا محوس ہوتا ہے کہ ایک بار جب میں اس نمونے کو جانتی ہوں تو مجھے اس کے بارے میں سوچنے کی ضرورت نہیں ہے۔ مجھے ایسا لگتا ہے جیسے مجھے ہمیشہ اپنی توجہ کیلیئے اپنی انگلیاں چلانی پڑتی ہیں۔ یہاں تک کہ جب میں اسکول میں تھی، مجھے اپنے اساتذہ سے کہنا پڑاکہ براہ کرم یہ نہ سوچیں کہ میں آپ کی بات نہیں سن رہی ہوں، مجھے اپنی توجہ مرکوز کرنے کے لیئے مجھے ٹائپ کرنا یا صرف اپنی اسکرین کو دیکھنا ہوتا ہے۔ تو مجھے ہمیشہ کسی چیز کے ساتھ اپنی انگلیاں چلانی پڑتی ہیں۔ کروشیا نے واقعی اس میں مدد کی کیونکہ اس میں صرف آپ کی انگلیاں ہی چلتی رہتی ہیں۔

کینیڈا میں رہتے ہوئے ایک مسلمان کی حیثیت سے، میں ایک بہتر مسلمان بننے کی کوشش کر رہی ہوں۔ میں ایسا ماحو بنانے کی کوشش کر رہی ہوں جہاں زندگی کے بارے میں ٘یکھنا آسان ہوجائے۔ میں نے ابھی اپنے بھانجے کے لئے عید/ رمضان کیلنڈر بنایا ہے، کیوں کہ میرے اپنے بچے نہیں ہیں۔ میں یہ سب کام اس کے لئے کرتی ہوں۔ میں نے ان چھوٹی تھیلیوں کو کروشیے سے بنایا ہے۔ ان کروشیے کی تھیلیوں میں رمضان اور اسلام کے بارے میں کچھ معلومات اور تھوڑی سی چاکلیٹ ہیں۔ یہ ایک بہت ہی بنیادی خیال ہے۔

میں ہر چیز کو دستاویز کر رہی ہوں جو میں نے ابھی فروخت کے ارادے کے بغیر کروشیے سے تخلیق کیا ہے۔ لیکن جب بھی میں بیچنیکا سوچونگی، میرے پاس ہر چیز تیار ہوگی۔

حنا، 2021

Hina, 2021

Hina, 2021

گاؤں کی پرامن زندگی

مجھے گاؤں کے ڈیزائن (نمونے) پسند ہیں۔ اس سے تازہ ہوا اور لوگوں کے معاشرے میں رہنے کے طریقے نظر آتے ہیں۔ تو مجھے اچھا لگتا ہے۔ اگر آپ میرے دفتر آئیں توآپ کو ہر جگہ گاؤں کی عورتوں کی تصویریں جنھوں نے اپنی قمر پر کے بچے اٹھائیں ہوں، نظر آئیں گی۔ مجھے ایسا لگتا ہے جیسے یہ عورت میں ہوں۔ اس سے مجھے زچگی کی یاد آتی ہے۔ بچوں کے لئے محبت اور برادری سے پیار۔ اس سے مجھے میری سرزمین، اپنے آبائی ملک کی یاد آتی ہے۔ یہ میری ذات کا ایک حصہ ہے۔

فائزہ، 2021

قل ھواللہ احد

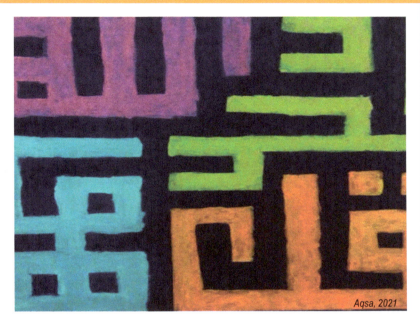

Aqsa, 2021

مجھے پینٹنگ پسند ہے۔ میں اپنے دوستوں کے ساتھ پینٹ راتوں جیسی جگھوں پر جاتی ہوں۔ حال ہی میں میری ایک دوست نے پینٹ کی رات میں مجھے بلایا تھا۔ وہ ایک فنکار ہے۔ ٹورنٹو میں اس کا ایک اسٹوڈیو ہے۔ یہ ایک اسلامی رنگوں کی رات تھی۔ یہ پینٹنگ ان چیزوں میں سے ایک ہے جو میں پینٹ کی تھی۔ یہ میرا تخلیقی ٹکڑا ہے، خطاطی۔ اور اس میں لکھا ہے، قل ہو واللہ۔ مجھے یہ ٹکڑا پسند ہے کیونکہ اس میں دو چیزیں اکٹھی ہیں جن سے میں ایک ساتھ محبت کرتی ہوں: پینٹنگ اور میرا مذہب۔

یہ وہ چیز ہے جو میں اپنے بیٹے کی حفاظت کے لئیا سے ہر صبح کہنے کو سکھاتی ہوں۔ یہ میرے لیے بہت معانی رکھتا ہے۔

خطاطی کرنا یہ میرا پہلا تجربہ تھا لہذا اس کو بنانا تھوڑا مشکل تھا۔ اس میی بہت پیمائش شامل تھی لیکن یہ حیرت انگیز نکلا۔

اقصیٰ، 2021

وطن کا ضائقہ

مجھے کھانا پکانا بہت پسند ہے اس سے مجھے اپنے وطن سے قریب تر ہونے کا احساس ہوتا ہے۔ کبھی کبھی جب میں گھر سے اداس ہوجاتی ہوں، یا میں افسردہ ہوں یا اپنی ماں کو یاد کر رہی ہوں، میں ان کے کھانے کی ترکیبیں پکانا پسند کرتی ہوں۔ ان کک کھانوںمیں میری سب سے پسندیدہ چیز تہاری ہے۔ اس کی خوشبو مجھے اپنی سرزمین، میرے لوگوں اور میری والدہ کی یاد دلاتی ہے۔ میں اپنی ماں کی ترکیب آپ کے ساتھ بانٹنی ہوں۔

اجزاء

ہڈی کے ساتھ1 کلو بکرے یا بھیڑ کا گوشت
کلو باسمتی چاول (ایک گھنٹے کے لئے دھوئے اور 1/2
(بھگوئے
کڑاہی میں 1 بڑی پیاز
کپ تیل 1
کپ تازہ سبز مٹر1
کپ تازہ سبز پھلیاں ہر ایک کو 3 ٹکڑوں میں کاٹ دیں 2
بڑے آلو درمیانے سائز کے کیوب میں کاٹا1
کلو ٹماٹر ڈائس 2
(میتھی کے پتے کا 2 بڑا گچھا (صرف پتے
لیموں 2

مصالحے

مصالحے: نمک ذائقہ (کم از کم 3 چائے کا چمچ نمک کی ضرورت
(ہوتی ہے
چمچ سرخ کالی مرچ 2
چمچ تازہ ادرک لہسن کا پیسٹ 2
چائے کا چمچ ہلدی پاؤڈر 1/2
شازیرہ 1/4
چھڑی دار چینی 1
الائچی 5
لونگ 6
چائے کا چمچ گرم مسالہ پاؤڈر 1/2

Sara, 2021

طریقہ

سب سے پہلے پیاز کو گولڈن براؤن ہونے تک بھونیں
(تیل سے نکال کر ایک طرف رکھیں)
تلی ہوئی تیل کا آدھا حصہ لیں۔
(باقی سبزیوں کو بھوننے کے لیے رکھیں۔)
تقریبا 1/2 کپ تیل میں ادرک لہسن کا پیسٹ ڈالیں اور ایک منٹ کے لئے ہلائیں۔ پھر اس میں باقی تمام مصالحے ڈالیں اور فورا۔ ہی مٹن ڈال دیں۔
جب تک یہ مٹن پکے تب تک پکائین (ضرورت پڑنے پر کوکر۔
(استعمال کریں
ایک بڑے برتن میں تل سبزیاں (ٹماٹر اور میتھی کے علاوہ) الگ- الگ تل کر کے ایک طرف رکھیں
اسی برتن میں ٹماٹر اور میتھی ڈالیں اور نرم ہونے تک پکائیں۔
ٹماٹر / میتھی کے آمیزے میں تلی ہوئی سبزیاں ڈال دیں، اور ساتھ گوشت بھی ڈالیں
سبزیوں میں 2 کپ پانی شامل کریں اور دھوئے ہوئے چاول ڈالیں۔ اور اچھی طرح مکس کر لیں
گرم مسالہ پاؤڈر کے ساتھ برتن میں ایک پورے لیموں کا عرق ڈالیں۔ اور دوبارہ ہلائیں
ڈھکن کے ساتھ برتن کو ڈھک دیں اور 40-30 منٹ تک چاول پکائیں۔

سارہ، 2021

چاندنی رات

ریما، 2021

میں روایتی آرٹ کو زیادہ پسند کرتی ہوں۔ جب میں تقریباً 10 کی تھی، تب سے میں ڈرائنگ کر رہی ہوں۔ عام طور پر تفریح کے لئے۔ جب آپ ٹی وی شوز دیکھتے ہیں تو آپ ان کی نقل کرنے کی کوشش کرتے ہیں۔ مثال کے طور پر، دا سپائیز یا دوسرے بچوں کے شوز دیکھتے ہیں جو آپ بچپن میں دیکھتے تھے۔ آپ انہیں کاغذ پر کھینچنا چاہتے ہیں۔ لیکن جیسے جیسے میں بڑی ہوئی، میں نے ایکریلیکس اور تیل سے زیادہ پینٹنگ شروع کر دی۔ میری حالیہ پینٹنگ ایک سال پرانی ہے۔ یہ ایک جیکٹ ہے۔ اس میں تارامی رات ہے جو میں نے پینٹ کی ہے۔ میں اس کو اتنا قریب سے رنگنے کی کوشش کرتی ہوں کہ یہ حقیقت سے قریب لگے۔ میرے لئے، اگر کوئی کچھ کہے تو، میں باقی ہر چیز کو نظر انداز کر سکتی ہوں۔ میں نے اپنے اہداف کو پہلے رکھا ہے۔ میں صرف ہاتھ کی پینٹنگ پر توجہ مرکوز کرتی ہوں اور مجھے کسی اور چیز کی فکر کرنے کی ضرورت نہیں ہے۔ میرے ذہن میں، یہ صرف وہی ہے جو میرے سامنے صفحہ پر ہے۔ میں اپنے ہاتھوں پر پینٹ کے احساس سے لطف اندوز ہوتی ہوں۔ میں اپنے ہاتھوں کو پینٹ سے گندا کرنا پسند کرتی ہوں۔ پینٹ اور برش کا مادی لمس میری بےچینی اور میرے جذبات کو قابو کرنے میں مدد کرتا ہے۔

ریما، 2021

آئینہ اور عکاسی

ایک چھوٹی سی لڑکی
دیوار پر آئنہ دکھتے ہوئے
بالوں کو برش کرتیا چھا محسوس کرتے ہوئے
جب وہ اپنی دادی کو سنتی ہے
ہال کے اس پار خصہ میں
دادی نے پوچھا کہ آپ کیا کر رہی ہیں
آئینے میں دیکھ رہی ہوں
لڑکی الجھن میں دادی کو مڑ کر دیکھتی ہے
بغیر جواب دئے
وہ سوچ رہی تھی کہ وہ کیا کر رہی تھی
دادی کے بلانے سے پہلے
خود کو دیکھنے کے علاوہ
کچھ بھی نہیں کر رہی تھی جسے وہ یاد کر سکتی تھی
جبکہ وہ ابھی سوچ رہی تھی
دادی ماں کو بلاتی ہیں
اور ان سے شکایت کرتی ہیں
کہ ان کی بیٹی آئینے میں خود کو دیکھ رہی تھی
دیوار پر آئینہ دیکھتے ہوئے
ماں دادی کی طرف حیرانی سے دیکھتی ہیں
دادی کو لگا کہ ان کی دلیل ضائع گئی
اس لئے وہ بات جاری رکھتی ہیں ---

وہ خود کو خوبصورت بنا رہی تھی
وہ گا رہی تھی
لگتا ہے اس کی زندگی میں کوئی نہ کوئی ہے
ماں کو دادی کی بات اچھی نہیں لگتی
مگر جب وہ دادی کی بات سنتی ہیں
کہ وہ ان کی اپنی بیٹی کے احساس خودی کو
کسی اجنبی کے تعلق سے ملا رہی ہیں
لڑکی گھبراہٹ اور شرمندگی محسوس کرتی ہے
سب کو سمجھانے کی کوشش کرتی ہے
لیکن وہ اپنے خول میں بند ہے
ثقافتی زوال کا شکار
اب کبھی جب بھی وہ آئینے میں خود کو دیکھتی ہے
تو اس بات کو یقینی بنانا چاہتی ہے
کہ کوئی اس کو دیکھ تو نہیں رہا
وہ دل میں خوفزدہ ہے کہ
کیا اپنے بارے میں اچھا محسوس کرنا غلط ہے؟
کیا خود کو تسلیم کرنا غلط ہے؟
یہ کس قسم کی سوچ نصب کی گئی ہے؟
اس نوجوان لڑکی کے دماغ میں
اس کی لپے ہوئے خود اعتمادی
کیا یہ اس کا زوال ہے؟

خلود آغا خان

کبھی نہ رکنے والی تخلیقیت

اسلاموفوبیا اور مائیکروایگریشنز سے نمٹنے کے لیے حکمت عملی

اس گائیڈ بک میں مذکور وسائل کی فہرست کے ساتھ، یہاں کچھ حکمت عملی ہیں جو مسلم تارکین وطن خواتین کو کینیڈا میں مسلم مخالف نسل پرستی (اسلامو فوبیا) اور مائیکرو ایگریشن سے نمٹنے کے لیے مددگار ثابت ہوئیں

کچھ مسلمان تارکین وطن خواتین نے آنکھ سے آنکھ ملانے کے نئے طریقے تلاش کیے جب وہ آنکھوں میں آنکھیں نہیں ڈالنا چاہتی تھیں۔ گوہ انہوں نے یہ ظاہر کیا کہ وہ آنکھوں میں آنکھیں ڈال کربات کر رہی ھیں پر در حقیقتوہ کانوں کے قریب، یا سر کے ارد گرد دیکھتی ہیں۔

کچھ مسلمان تارکین وطن خواتین نے ملازمت کے انٹرویو کے لیے آئینے کے سامنے آنکھوں میں آنکھیں ملانے کی مشق کرتی ہیں۔

اکثر مسلمان خواتین کو ان لوگوں پر ترس آتا تھا جو جاہل لگتے تھے جو ان کا احترام نہیں کرتے تھے۔ درحقیقت، یہ - نوٹ کرنا ضروری تھا کہ مشکل حالات مسلم خواتین کو یہ سوچنے پر مجبور نہ کریں کہ ان میں کسی چیز کی کمی ہے۔ بلکہ، انہیں یہ سوچنا چاہیے کہ دوسروں میں احترام اور/یا انسانیت کی کیوں ہے۔

اکثر مسلمان تارکین وطن خواتین نے اپنی لڑائیاں خود چنیں۔ جن لوگوں سے صرف ایک دفہ کی ملاقات تھی انہوں نے - ان واقعات کو نظر انداز کرنے کا انتخاب کیا جہاں دوسرے ان کو مائیکرو ایگریشنز سے ڈرانے کی کوشش کرتے ہیں۔ مثال کے طور پر، کسی دکان میں۔ لیکن اگر یہ ایک طویل مدتی تعلق تھا تو انہوں نے وقت نکالا اور یہ بتانے کی کوشش کی کہ نسل پرست یا اسلامو فوبک صورتحال کی وجہ سے انہیں کتنا برا لگا۔ مثال کے طور پر، کام پر یا یونیورسٹی میں۔

اکثر مسلمان تارکین وطن خواتین اسلامو فوبک اور نسل پرستانہ حالات سے بچنے کے لیے مخصوص گروسری اسٹورز سے خریداری کرتی ہیں۔ انہوں نے کسی سفید فام دکاندارکو سمجھانے کی کوشش کرنے کے بجائے خصوصی دکان پر جانا آسان پایا۔ جو اپنے جیسے ہوں انہیں سمجھانا آسان تھا۔

فلاح و بہبود کے وسائل

- Perceived Stress Scale: https://das.nh.gov/wellness/docs/percieved%20stress%20scale.pdf
آپ اس لنک کا استعمال کرکے اپنے دباؤ کی پیمائش کرسکتے ہیں۔

- Mind Tools- Managing Stress: https://www.mindtools.com/pages/article/managing-stress.htm
مائنڈ ٹولز ایک پیشہ ور ترقیاتی ویب سائٹ ہے جس کے ذریعے متعدد مفت وسائل حاصل کیے جا سکتے ہیں۔

- Stress Tools: https://www.mindtools.com/pages/main/newMN_TCS.htm
کشیدگی کو سمجھنے اور کم کرنے کے لیے حکمت عملی فراہم کرتا ہے۔

- Stress diary: https://www.mindtools.com/pages/article/newTCS_01.htm
اسٹریس ڈائری ایک بہترین ٹیمپلیٹ ہے جو Mindtools.com نے اکٹھا کیا ہے۔ یہ ہمیں آگاہ کرنے میں مدد کرتا ہے۔ جب ہم ذہنی دباؤکا شکار ہوتے ہیں، ہم کس طرح اور کتنی باردباؤ ڈالتے ہیں۔ ایک بار جب آپ نے ذہنی دباؤ کو پہچان لیا تو آپ ایک ایسا منصوبہ تیار کر سکتے ہیں جو آپ کے لیے بہترین کام کرے۔

- Stress management PDF: https://www.therapistaid.com/worksheets/stress-management.pdf
یہ آپ کو کچھ ٹھوس حل پیش کرنے میں مدد دے گا ، جیسے سماجی مدد ، جذباتی مہارت ، صحت مند زندگی کے توازن کے بارے میں خیالات ، اور آپ اپنی بنیادی ضروریات کو کس طرح بہترین طریقے سے توجہ دے سکتے ہیں۔

- Ten Point Plan: http://www.fosteringresilience.com/pdf/stress_management_plan.pdf
- یہ دس نکاتی منصبہ ۔ www.fosteringresilience.com نے بنایا ہے

Stress Assess: https://stressassess.ca/
سٹس ایسس ایک مفت ٹول اور وسائل ہے جو پیشہ ورانہ صحت کلینک کے ذریعہ فراہم کیا جاتا ہے۔ اونٹاریو ورکرز کے لیے جو کہ کینیڈا کےاوکیپیشنل ہیلتھ کلینک نے مخصوص خدشات کو دور کرنے کے لیے تیار کیا ہے۔

- Healthy Minds at Work (Canadian Centre for Occupational Health and Safety): https://www.ccohs.ca/healthyminds/
یہ کینیڈا کی حکومت کی ویب سائٹ ہے جس میں نفسیاتی طور پر صحت مند کام کرنے کے لیے سیکڑوں وسائل شامل ہیں۔ آپ اس ویب سائٹ پر تخفیف کی حکمت عملی سے لے کرقانون سازی تک سب کچھ تلاش کر سکتے ہیں۔

- Mental Injury Tool Kit: https://www.ohcow.on.ca/mental-injury-toolkit.html
یہ گائیڈ اور ریسورس کٹ کارکنوں کو بنیادی تفہیم، کام پر دماغی دباؤ او اس کے بارے میں کیا کرنا ہے، فراہم کرے گی۔ ذہنی پریشانی کی عام وجوہات ، قانونی فریم ورک (اونٹاریو پر توجہ مرکوز کرنا) ، ممکنہ اقدامات لینا ، اور وسائل دستیاب کرے گی ۔ یہ ایک تعارف اور ایکشن گائیڈ ہے جسے کارکنوں نے کارکنان کےکیے بنایا ہے۔

حوالہ جات

انٹرویوز

اقصیٰ، مصنف کے ساتھ انٹرویو، 20 مارچ، 2021 ٹورنٹو، اونٹاریو۔
دعا، مصنف کے ساتھ انٹرویو، 6 مارچ، 2021 ٹورنٹو، اونٹاریو۔
فائزہ، مصنف کے ساتھ انٹرویو، 6 مارچ، 2021 ٹورنٹو، اونٹاریو۔
فرح، مصنف کے ساتھ انٹرویو، 20 مارچ، 2021 ٹورنٹو، اونٹاریو۔
حنا، مصنف کے ساتھ انٹرویو، 13 مارچ، 2021 ٹورنٹو، اونٹاریو۔
ماہرہ، مصنف کے ساتھ انٹرویو، 13 مارچ، 2021 ٹورنٹو، اونٹاریو۔
مریم، مصنف کے ساتھ انٹرویو، 6 مارچ، 2021 ٹورنٹو، اونٹاریو۔
ریما، مصنف کے ساتھ انٹرویو، 13 مارچ، 2021 ٹورنٹو، اونٹاریو۔
ریہا، مصنف کے ساتھ انٹرویو، 6 مارچ، 2021 ٹورنٹو، اونٹاریو۔
بھارہ، مصنف کے ساتھ انٹرویو، 13 مارچ، 2021 ٹورنٹو، اونٹاریو۔
ثمیم، مصنف کے ساتھ انٹرویو، 20 مارچ، 2021 ٹورنٹو، اونٹاریو۔
زارا، مصنف کے ساتھ انٹرویو، 20 مارچ، 2021 ٹورنٹو، اونٹاریو۔

مسلم کمیونٹی وسائل

- ٹورنٹو اسلامک سنٹر ، M4W 2G9 ، یونج سینٹ ، ٹورنٹو 817
https://torontoislamiccentre.com/

- جامع مسجد ٹورنٹو ، 56 بوسٹڈ ایوینیو M6R 1Y9 ، ٹورنٹو
(905) 403-8406

- کینیڈا -ISNA L5J 2M4 ، کینیڈا ، 2200 ایس شیریڈن وے ، مسیساگا
https://isnacanada.com/ -(905) 403-8406-

- اسلامک کمیونٹی سنٹر آف ملٹن ، 8069 ایسکیوزنگ لائن ، ملٹن L9T 7L4
http://www.icnamilton.com/ -(905) 878-3292-

- مسیساگا مسلم کمیونٹی سینٹر ، 2505 ٹکسی آر ڈی ، مسیسوگا ، آن ON L4Y 2A1
(905) 270-4900
https://www.mmcc-canada.org/

- المہدی اسلامک کمیونٹی سینٹر ، Rd رعایت 3 510 - ON L1X 2R5
https://cig.ca/

- اسلامک فاؤنڈیشن (نوگیٹ مسجد) ، 441 نوگیٹ ایوین روم بی 14 ، سکاربورو ON M1S
5E1, (416) 321-0909
https://www.islamicfoundation.ca/

- مسجد دارالسلام (اسلامک سوسائٹی آف ٹورنٹو) ، 20 اوورلیہ بلاویڈ ، ایسٹ یارک ON M4H 1A4
(416) 467-0786 http://islamicsocietyoftoronto.com/

- اسماعیلی سینٹر ، ٹورنٹو ، 49 وینفورڈ ڈاکٹر ، نارتھ یارک ON M3C 1K1
(416) 646-6965 https://the.ismaili/ismailicentres/toronto/visiting-toronto

- مسلم فوڈبینک کمیونٹی سروسز
+1 866-248-3868 muslimfoodbank.com

- مسلم چلڈرن ایڈ اینڈ سپورٹ سروسز (ایم سی اے ایس ایس) ،1855 لارنس ایونیوای ، سکاربورو ON M1R
2Y3, (416) 907-9407 https://muslimchildrensaid.com/

میری شناخت کی تلاش

مجھے یقین نہیں ہے کہ میری مثال کس حد تک میری شناخت ظاہر کرتی ہے، لیکن میں کوشش کرنا چاہتی ہوں۔ جب میں کینیڈا آئی تھی تو میں دبئی سے آئی تھی۔ میں سات سال کی تھی جب میں پہلی بار یہاں آئی، اور میں ڈونلڈسن شیپارڈ کے علاقے میں تھی جہاں فیئرویو مال ہے۔ اور اس وقت، یہ خاص طور پر، اس برادری میں مختلف جگہوں سی لوگ آکر آباد تھے۔ اور جب میں وہاں آئی تو مجھے اپنی جگہ سے باہر ہونے کا احساس نہیں ہوا کیونکہ میں نے محسوس کیا میرے جیسے بہت سارے لوگ، جو میری ہمعمر تھے، وہ میرے ساتھ تھے۔ میری ہم جماعتیں اسی طرز کے ماحول سے آرہی تھیں جہاں سے میں آئی تھی۔ وہ یہ مشرق وسطی کے ممالک سے آئے تھے یا وہ جنوبی ایشین ممالک سے آئے تھے۔ سات سال کی عمر میں یہاں آنا میرے لئے ثقافت کا ایک بڑا جھٹکا تھا۔ مجھے صرف لڑکیوں کے اسکول میں جانے کی عادت تھی جہاں ہر چیز بہت ہی جنس پسند تھی۔ اس پبلک اسکول کے ماحول میں آنے کے بعد، سب کچھ مختلف تھا۔ نظریے بہت مختلف تھے۔ مجھے اس نئے ماحول کو اپنانے میں بہت مشکل ہو رہی تھی۔

میرے والدین مسلسل کام کر رہے تھے۔ تب میں نے بمشکل اپنے والدین کو دیکھا ہو گا۔ کیونکہ ہم ملک میں نئے تھے اور یہ خود کو آباد کرنے کا وقت تھا۔ میرے استاد جانتے تھے کہ میں جدوجہد کر رہی ہوں۔ مجھے لگتا تھا کہ میں بہت باتونی ہوں لیکن جب میں سات سال کی ہوئی تو مجھے پتہ چلا کہ میں نے خود کو الگ تھلگ کر دیا ہے۔ میں لوگوں کے ساتھ گھل مل نہیں سکتی تھی۔ میں لوگوں سے بات نہیں کرنا چاہتی تھی۔ میں صرف اکیلے ہی رہنا چاہتی تھی، یا میں بالکل بھی اسکول نہیں جانا چاہتی تھی۔ دونوں صورتیں میرے لئے انتہا پسندی تھی۔ مجھے اصل میں نئی ثقافت کو سمجھنے میں کچھ وقت لگا۔

ایک چیز جس سے میں واقعی لطف اندوز ہوئی تھی وہ تھی شاعری۔
ایک چیز جس سے میں واقعی لطف اندوز ہوئی تھی وہ تھی شاعری۔
حالانکہ مجھے شاعری لکھنی نہیں آتی۔ میرے استاد نے مجھے ایک کتاب دی تھی۔ اس کا نام "کون، کیا، کہاں، کب، کیوں اور کیسے" ہے۔ یہ ایک چھوٹی سی لڑکی کی کہانی ہے جو میری کہانی سے ملتی جلتی تھی۔ وہ اس بڑی دنیا میں رہ رہی تھی جہاں اس کا جینا مشکل تھا۔ یہ کتاب اس لڑکی کی ذاتی داستان ہے جس میں شاعری کی مختلف شکلیں ہیں۔ وہ اپنے انفرادی مراحل کے بارے میں بات کرتی ہے جس میں اس کی زندگی، اس کا اسکول اور دوستیوں کے قصے ہیں۔ مجھے لگتا ہے کہ میری اور اس کی کہانی ملتی جلتی ہے۔

گورڈن، آر (2018)۔ ڈبلیو ایچ او؟ کیا؟ کب؟ کہاں؟ کیسے؟ کیوں؟: زندگی کے بارے میں ایک کہانی۔ رینیورانس بکس

اس سے مجھے یہ سمجھنے میں مدد ملی کہ دوسروں کو بھی نئی جگہ میں آباد ہونے میں مشکلات سے گزرنا پڑتا ہے۔ میرے پاس ابھی بھی یہ کتاب موجود ہے۔ اس نے مجھ زندگی کو سمجھنے میں بڑی مدد کی۔

مدد گار کینیڈین خواتین

یہاں یہ ذکر کرنا بھی ضروری ہے کہ اگرچہ یہ مطالعہ کینیڈا میں مسلم تارکین وطن خواتین کو درپیش منظم رکاوٹ پر مرکوز ہے، لیکن مجھے مغربی خواتین کے ساتھ مثبت بات چیت اور رویے کا اتحقاق حاصل ہے۔

جب میں ایچ ڈی ایس بی (ہالٹن ڈسٹرکٹ سکول بورڈ) میں کام کر رہی تھی تو مجھے ایک سرپرست پرنسپل ملی جس نے میری تدریس کے پیشے میں رہنمائی کی۔ انہوں نے چار سال مجھے کام کرنے کے مواقع فراہم کیے اور اعلیٰ تعلیم کے لیے یونیورسٹیوں میں داخلہ لینے کے لیے حوالہ بھی دیا۔
دو اور پرنسپل اور ایک وائس پرنسپل نے مجھے سماجی انصاف پر توجہ مرکوز کرنے میں مدد کی اور میری رہنمائی کی تاکہ میں اپنی تعلیم کو ایک تعلیمی ادارے میں لاگو کر سکوں اور مساوات کے موقف کی رہنمائی کر سکوں۔
ایک اور پروفیسر نے مجھے میر تعلیمی مقصد تک پہنچنے میں مدد اور رہنمائی کی۔ انہوں نے ملاقاتوں، مباحثوں کی شکل میں مدد فراہم کی اور یونیورسٹی کے دیگر طلباء کے لیے مباحثہ بننے کے مواقع فراہم کیے۔

تمام خواتین جنہوں نے میری رہنمائی کی وہ مغربی ثقافت سے تعلق رکھتی تھیں۔ انہوں نے میری کی مدد کی تاکہ میں کامیاب ہو سکوں۔ ان کی رہنمائی اور حوالہ نے مجھے دنیا کے بہترین اداروں میں داخلہ لینے اور ڈاکٹریٹ کی تعلیم حاصل کرنے میں مدد دی۔

خان، 2021

مثبت تعاملات

جن کا سامنا کینیڈا میں مسلم تارکین وطن خواتین کوکرنا پڑا

اقصیٰ کی کہانی ۔ بطور استاد کام کرنا

کچھ مہینے پہلے، میں ایک اسکول میں سپلائی کر رہی تھی، اور سپلائی کے اگلے دن مجھے ایچ آر کی طرف سے ایک خط ملا۔ انہوں نے کہا کہ ہمیں فوری آپ سے ملاقات کی ضرورت ہے۔ پرنسپل نے اسے ایک خاص واقعہ کی اطلاع دی تھی، اور وہ اس بارے میں مجھ سے بات کرنا چاہیں گی۔ مجھے اندازہ نہیں تھا کہ یہ واقعہ کیا ہے۔
انہوں نے ملاقات کے لیے پورا ہفتہ انتظار کرایا۔ میں بے چین تھی۔ جب انہوں نے آخر کار مجھ سے ملاقات کی۔ پرنسپل نے پورا منظر بیان کرنا شروع کیا جہاں میں جم ٹیچر کی بے عزتی کر رہی تھی۔ میں نے کہا یہ میں نے نہیں کیا۔ اس نے کہا کہ یہ غیر پیشہ ورانہ ہے۔ میں نے سنا، اور میں نے اس کے ختم ہونے کا انتظار کیا، اور میں نے کہا، مجھے افسوس ہے، لیکن یہ میں نہیں ہوں۔ اس نے پوچھا، آپ کا کیا مطلب ہے؟ یہ تم تھیں۔ میں نے کہا، نہیں، میں نے اپنی زندگی میں اس اسکول میں جم ٹیچر سے کبھی بات نہیں کی۔ میں اس سے کبھی نہیں ملی۔ اس نے کہا کہ میں ابھی انکار میں ہوں۔ میں نے انہیں روکا۔ کہا یہ میں نہیں تھی۔ آپ کو دوبارہ چیک کرنے کی ضرورت ہے۔ میں لرز رہی تھی، اندر ہی اندر رو رہی تھی۔ یہ بہت غیر منصفانہ محسوس ہوا۔

> ”
>
> میں جانتی تھی کہ یہ میں نہیں تھی، اور میں رسمی معافی کی مستحق تھی لیکن میری یونین نے کہا کہ پریشان نہ ہوں
>
> اقصیٰ، 2021

اس نے کہا کہ ہم تحقیقات کریں گے۔ چنانچہ وہ تقریبا ایک ہفتے غاعب رہے، اور میں پورا ہفتہ خوفزدہ اور گھبرائی رہی۔ پھر انہوں نے مجھے ایک ای میل بھیجی کہ وہ مجھ سے ملاقات کرنا چاہتے ہیں۔ اس سکول کی پرنسپل وہاں نہیں تھی۔ انہوں نے مجھے بتایا کہ اس نے مجھے معاف کرنے کا فیصلہ کیا ہے وہ میری فائل میں کوئی خط نہیں ڈالیں گے۔ میں نے کہا، ایک منٹ رکو۔ آپ نے مجھے دو ہفتوں تک اتنا پریشان کیا۔ نہوں نے کہا کہ پرنسپل بات کرنا ضروری نہیں سمجھتی۔ میں نے اپنی یونین سے بات کی تو انہوں نے مجھے کہا کہ اسے معاملے کو چھوڑ دو۔ میں جانتی تھی کہ یہ میں نہیں تھی، اور میں ایک اپ ڈیٹ اور رسمی معافی کی مستحق تھی، لیکن میری یونین نے کہا کہ پریشان نہ ہوں!

فرح کی کہانی - ایک سرکاری سکول میں کام کرنا

میں نے اپنا پہلا ایل ٹی او- لونگ ٹرم او کیشنل کونٹریکٹ 2018 میں حاصل کیا۔ یہ گوروں کا علاقہ تھا۔ میں وہاں واحد جنوبی ایشیائی مسلمان ٹیچر تھی، جس کا رنگ بھی بھورا تھا۔ لہذا میں نے محسوس کیا کہ میرا مذہب اور میری ثقافت نے میری ملازمت میں اہم کردار ادا کیا۔ اس سال جب میں پہلی بار اپنے کلاس روم میں داخل ہوئی، اور میں نے 27 طالب علموں کو دیکھا جو تمام سفید فام تھے، جنہوں نے مجھے ایسے دیکھا جیسے میں کوئی اجوبہ ہوں۔ پہلے مہینے میں طالبات کی عام رائے تھی کہ میں مسلمان ہونے کی وجہ سے دہشت گرد ہوں اور میں ہر ایک کو اڑا دوں گی۔ میرے پاس ایک طالب علم تھا جس نے مجھ پر کرسی پھینکی کیونکہ میں ان سے مختلف نظر آتی تھی۔ ان کے والدین بھی یہی سوچتے تھ کہ میں اپنی ملازمت کے لاءق نہیں ہوں۔ انھوں نے محسوس نہیں کیا کہ میں اس نوکری، اسکول یا اس کمیونٹی کے لیے محض اپنی ثقافت اور مذہب کی وجہ سے قابل نہیں ہوں۔

"

پہلے مہینے میں طالبات کی عام رائے تھی کہ میں مسلمان ہونے کی وجہ سے دہشت گرد ہوں اور میں ہر ایک کو اڑا دوں گی۔

فرح، 2021

زارا کی کہانی - کام پر حجاب پہننا

”

اس نے کہا کہ تم نے مجھے ٹھیک سنا ہے، اس چیز کو اپنے سر سے اتار دو۔

زارا، 2021

ایک کافی شاپ میں کام کرتے ہوئے، میں گاہکوں کی خدمت کر رہی تھی جو اندر اور باہر جا رہے تھے۔ ایک کینیڈین کاکیشین آدمی، جب میں اس کی کافی بنا رہی تھی، مجھ سے میرا حجاب کو اپنے سر سے اتارنے کو کہا۔ مجھے لگا میں نے صحیح نہیں سنا۔ میں نے کہا معافی چاہتی ہوں۔ اور پھر جب میں نے اس سے اسے دہرانے کو کہا۔ تو اس نے کہا کہ تم نے مجھے ٹھیک سنا ہے، اس چیز کو اپنے سر سے اتار دو۔ میں بالکل حیران تھی کیونکہ یہ پہلا موقع تھا جب کسی نے ایسا کچھ کہا ہو۔ مجھے اس کی توقع نہیں تھی۔ میں چونک گئی۔

ریحا کی کہانی - جب انگریزی نہ ہو پہلی زبان

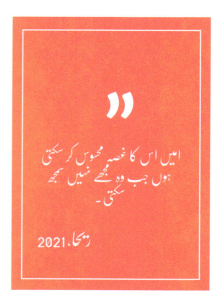

یہ کہانی تفریقی سلوک کا واقعہ نہیں ہے، بلکہ یہ ایک ایسا احساس ہے جس کے لیے میں خود کو ذمہ دار سمجھتی ہوں۔ میں پچھلے آٹھ سال سے اسی پبلک سکول میں رضا کار اور لنچ روم سپروائزر کی حیثیت سے کام کر رہی ہوں۔ جب بھی میں اسکول جاتی ہوں، مجھے دفتر میں سائن ان کرنا پڑتا ہے اور وضاحت دینی پڑتی ہے کہ میں وہاں کیوں ہوں۔ مجھے محسوس ہوتا ہے کہ جیسے دفتر کا عملہ، بشمول ایک سیکرٹری، پریشان ہوتا ہے یا ناراض ہوتا ہے جب انہیں مجھ سے بات کرنی پڑتی ہے کیونکہ میں "اچھی انگریزی نہیں بولتی ہوں۔" میں اس کا غصہ محسوس کر سکتی ہوں جب وہ مجھے نہیں سمجھ سکتی۔ میں کبھی کبھی ان تمام خاندانوں اور بچوں کے بارے میں سوچتی ہوں جو وہاں آتے ہیں اور اچھی انگریزی نہیں بولتے۔ ایسے میں وہ کیا کرتے ہیں؟ انہیں کیسا لگتا ہے؟

"

امیں اس کا غصہ محسوس کر سکتی ہوں جب وہ مجھے نہیں سمجھ سکتی۔

ریحا، 2021

اقصیٰ کی کہانی ۔ سکول کے ہال میں

مسلم خواتین، جو نہ صرف حجاب پہنتی ہیں بلکہ عبایا بھی پہنتی ہیں ان کے ساتھ امتیازی سلوک ایک درجے اوپر چلا جاتا ہے ۔ میں ایک سرکاری سکول میں سپلائی ٹیچر کی حیثیت سے کام کر رہی تھی سکول میں داخل ہوتے وقت ان کا ٹیگ پہننا تھا ۔ لیکن اس دن میں ٹیگ کچھ بھول گئی؟ تھی ۔ جب میں سکول میں داخل ہو رہی تھی تو ایک جمادار نے فیصلہ کیا کہ اسے میرا راستہ روکنے کی ضرورت ہے ۔ اس نے ہال میں کھڑے اپنے بازو پھیلائے اور مجھ سے پوچھا کہ میں کون ہوں ۔ میں نے اسے بتایا کہ میں بطور استاد سپلائی کر رہی ہوں ، لیکن اس نے کہا کہ اسے ثبوت چاہیے ۔ میں نے اسے بتایا کہ میں دفتر گئی؟ تھی ، لیکن اس نے میری بات نہیں مانی ۔ میں یہ بتانا چاہوں گی کہ جس طرح وہ مجھے آگے لے گیا،مجھے تنزلیل محسوس ہوئی ۔ مجھے اس کا رویہ نامعقول لگا ۔ ایک بار جب اسے پتہ چلا کہ میں ایک استاد ہوں ، اس نے پھر بھی معافی نہیں مانگی ۔ ایسا لگا کہ میری ظاہری شکل اور لباس کام لوگوں کے لیے اہمیت رکھتے ہیں ۔

ایسا لگا کہ میری ظاہری شکل اور لباس کام پر لوگوں کے لیے اہمیت رکھتے ہیں ۔

اقصیٰ، 2021.

فائزہ کی کہانی - نوکری کے انٹرویو میں

میں یہاں نوکری کی تلاش میں آئ◌ تھی، جوکہ مشکل ترین کام ہے۔ میں انٹرویو دینے جارہی تھی۔ بہت سے لوگوں کو درخواست دینے کے بعد، ایک دفتر نے مجھے بلایا۔ انٹرویو کے بعد، کوئی بھی مجھے واپس نہیں بلا رہا تھا۔ میں جس انٹرویو کے لیے گئی تھی وہ ایک کونسلر کے کردار کے لیے تھا۔ میں وہ دن کبھی نہیں بھولوں گی۔ انٹرویو کے دوران انہوں نے میری طرف عجیب نظروں سے دیکھا۔ جب مجھے انٹرویو کے لیے منتخب کیا گیا تو وہ نہیں جانتے تھے کہ میں مسلمان ہوں یا نہیں، افریقی ہوں یا سیاہ فام ہوں یا سیاہ فام نہیں۔ میں فورا سمجھ گئ◌ جب انہوں نے میری طرف عجیب طرح دیکھا اور ان کی جسمانی حرکات سے لگا کہ وہ مجھے پسند نہیں کرتے۔ میں آخر تک خاموش رہی۔ انٹرویو کے اختتام پر ، انہوں نے کہا کہ وہ مجھے دو دن میں اپنے جوابات دیں گے۔ میں نے کہا آپ کی جسمانی حرکات نے مجھے سب کچھ بتا دیا ہے۔ لہذا آپ کو اپنا کاغذ ضایع کرنے کی ضرورت نہیں ہے تاکہ مجھے افسوس کا خط لکھیں۔ انہوں نے مجھے گھورا۔ میں نے ان سے کہا کہ جب میں آئ◌ تو آپ نے جس طرح میری طرف دیکھا، میں جانتی تھی کہ آپ مجھے لینا نہیں چاہ رہے ہیں۔

> "
>
> انٹرویو کے دوران انہوں نے میری طرف عجیب نظروں سے دیکھا۔
>
> فائزہ، 2021

اب آپ کہیں گے کہ میرے پاس سب کچھ ہے، مگر کینیڈا کا تجربہ نہیں ہے۔ صرف ایک وجہ جو آپ مجھے دے سکتے ہیں۔ میرے پاس کینیڈین تجربہ نہیں ہے، لیکن اگر کوئی مجھے موقع نہیں دے گا تو مجھے یہ تجربہ کیسے ملے گا۔ میں آپ کے کینیڈین تجربے کو نہیں سمجھتی۔ آپ جانتے ہیں، ایک دن، یہی سیاہ فام عورت کو آپ اپنے سامنے اس ملک میں سربرہ بنتے ہوئے دیکھیں گے۔

شمیم کی کہانی۔ الیکشن کے دوران کام کرنا

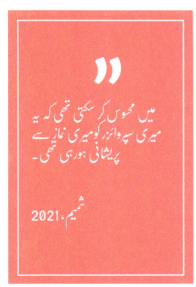

میں 2015 میں 22 سال کی تھی۔ 2015 کے انتخابات کے دوران میں ایک پولنگ سٹیشن پر کام کر رہی تھی۔ میرے پاس ایک سفید فام خاتون سپروائزر تھی جو اس وقت انچارج تھی۔ میں اپنی شفٹ کے دوران ظہر اور عصر کی نماز پڑھنے گئی۔ اس میں ہر بار 10 منٹ لگے ہوں گے۔ میں محسوس کر سکتی تھی کہ میری سپروائزر کو پریشانی ہو رہی تھی۔ اس نے کام پر موجود لوگوں میں سے ایک کے ساتھ میری نماز پر تبصرہ کیا کہ اسے یہ پیشہ ورانہ نہیں لگتا کہ میں کام کرتے وقت اپنی شفٹ کے دوران نماز پڑھ رہی ہوں۔ وہ بہت بے چین تھی۔ اس نے مجھے محتاط کر دیا کیونکہ یہ پہلی بار تھا کہ کسی نے میرے ساتھ تفریقی سلوک کیا تھا۔

"

میں محسوس کر سکتی تھی کہ یہ میری سپروائزر کو میری نماز سے پریشانی ہو رہی تھی۔

شمیم، 2021

فرح کی کہانی - ہوٹل کے استقبالیہ میں

میں اس وقت صرف 19 سال کی تھی۔ مجھے یاد ہے کہ ہمارے ہوٹل میں ایک مہمان قیام کے لیے آیا تھا۔ میں نے اسے چیک ان کرنے کی کوشش کی، لیکن اس نے مجھے بتایا کہ وہ بھورے رنگ والی سے بات کرنا یا مدد نہیں چاہتا۔ اس نے میرے مینیجر کو بلانے کے لئے کہا۔ جب میں نے اپنے مینیجر کو بتایا تو اس نے کہا کہ اگر وہ بھورے رنگ والی سے بات نہیں کرنا چاہتا تو اسے کالے رنگ والی سے بات کرنی ہوگی۔ میرا دل ڈوب رہا تھا، اور میں بہت خوفزدہ تھی کہ کیا ہونے والا ہے۔ وہ سامنے گئی، اس کی طرف دیکھا اور اس سے پوچھا، سر، کیا آپ مینیجر کو ڈھونڈ رہے ہیں؟ اس نے کہا، ہاں وہ کہاں ہے؟ اس نے کہا، آپ ابھی اس کی طرف دیکھ رہے ہیں، اور میں آپ کی کیا مدد کر سکتی ہوں؟ مجھے یاد ہے، اس نے کہا "کیا اب کوئی سفید فام مرد نہیں ہیں جو یہاں کام کرتے ہیں؟" اور وہ چلا گیا۔ ہم دونوں نے ایک دوسرے کو دیکھا۔ ہم خوش تھے کہ وہ چلا گیا اور وہ اس رات ہمارے ساتھ نہیں رکا۔

> "کیا اب کوئی سفید فام مرد نہیں ہیں جو یہاں کام کرتے ہیں؟"
>
> فرح، 2021

ریما کی کہانی - سڑک پر

"

لڑکے نے مجھے چیخ چیخ کر اپنے ملک واپس جانے کے لیے کہا

ریما، 2021

مجھے ایک بار دقیانوسی تصورات اور نفرت کا سامنہ کرنا پڑا۔ ایک کار میرے قریب آکر رکی، اور گاڑی میں موجود لڑکے نے مجھے چیخ چیخ کر اپنے ملک واپس جانے کے لیے کہا۔ میں اس کے لہجے میں نفرت دیکھ سکتی تھی۔ میں بہت زیادہ ڈر گئی تھی۔ مجھے خیال آیا وہ مسلح ہے یا وہ مجھے گولی مارنے والا ہے کیونکہ شاید میں جو کچھ دنیا میں ہو رہا ہے اس سے پریشان تھی۔ میں سوچ رہی تھی، کیا یہ میرا ملک نہیں ہے؟

ماہرہ کی کہانی - ایک دکان میں

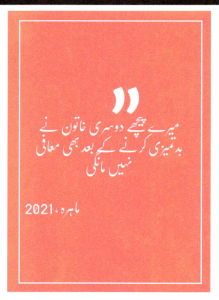

ایک بار اوک ویل میں، میں ایک دکان پر تھی۔ میرے سامنے ایک خاتون اور میرے پیچھے ایک بوڑھی انگریز خاتون چیک آؤٹ کے منتظر تھے۔ ہم ایکسپریس لائن میں تھے۔ میرے سامنے خاتون نے اپنا سامان رکھا، اور پھر میں نے اس کے ختم ہونے کا انتظار کرتے ہوئے اپنا سامان رکھ دیا۔ اسے اپنی گاڑی میں جانا پڑا کیونکہ وہ اپنا پرس بھول گئی تھی۔ وہ اپنا پرس لانے کے لیے سٹور سے نکلی جب میرے پیچھے والی خاتون کو غصہ آگیا بولی، سنو، تمہیں نہیں پتہ کہ یہ ایکسپریس لائن ہے۔ یہ سارا سامان یہاں کیوں رکھا ہے؟ میں نے کچھ نہیں کہا۔ میرے پاس بیلٹ پر ایک آئٹم تھا۔ وہ ایک بوڑھی عورت تھی، اور میرا مذہب کہتا ہے کہ مجھے بوڑھوں کے ساتھ بدسلوکی کرنے کی ضرورت نہیں ہے۔ تو میں صرف خاموش رہی۔ دوسری خاتون آئی، ادائیگی کی، اور میں آگے بڑھ گئی۔ میرے پیچھے دوسری خاتون نے بدتمیزی کے لیے کبھی معافی نہیں مانگی۔ مجھے اس سے خوف آیا۔

> "
> میرے پیچھے دوسری خاتون نے بدتمیزی کرنے کے بعد بھی معافی نہیں مانگی
>
> ماہرہ، 2021

اقصیٰ کی کہانی - آئس کریم پارلر میں جاتے ہوئے

میں ٹورنٹو کے مضافات میں رہتی ہوں۔ پچھلے عید کے دن جب میں اپنے علاقے میں چہل قدمی کررہی تھی تو ایک الگ تجربہ ہوا۔ میں اور میری بہن نے عبایا، کالا لباس پہنا ہوا تھا، جب ہم نے قریبی آئس کریم پارلر جانے کا فیصلہ کیا۔ جب ہم مین اسٹریٹ پر چل رہے تھے، ایسا معلوم ہوا کہ لوگ اپنے بچوں کو پکڑ رہے ہیں، انہیں ہم سے دور، اور خود کے قریب کھینچ رہے ہیں۔ ہم صرف مقامی دکانوں سے پینکیکس اور آئس کریم کے موڈ میں تھے۔ میں نہیں جانتی کہ لوگ کیوں اپنے بچوں کو ایک طرف کھینچ رہے تھے۔ مجھے سمجھ نہیں آرہا تھا کہ کیا ہو رہا ہے لیکن، ایسا لگتا تھا کہ لوگ ہم سے خوفزدہ ہیں۔ یہ یقینی طور پر دلچسپ رویہ تھا کیونکہ میں نے عبایا پہنا تھا۔

”

لوگ دراصل اپنے بچیاپنی طرف کھینچ رہے تھے۔
میں نہیں جانتی تھی کہ وہ ایسا کیوں کر رہے کیا ہیں۔
لیکن، ایسا لگتا تھا کہ لوگ ہم سے ڈرتے ہیں۔

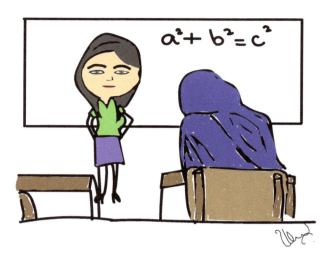

اقصیٰ کی کہانی - ایک کلاس روم میں

مجھے لگتا ہے کہ میرے اسکول کے اساتذہ نے مجھے کبھی پسند نہیں کیا۔ یہاں تک کہ ایک بار میں ریاضی کے سوال کا جواب دے رہی تھی، اور میں نے اسے ٹھیک حل کر لیا تھا، لیکن میری گوری استانی نے غلط حساب لگایا۔ اس نے مان لیا کہ میں غلط ہوں۔ مجھے غلط ثابت کر کے وہ بورڈ پر اپنا سر پیٹنے لگی۔ پوری کلاس مجھ پر ہنس رہی تھی اور پھر اس نے کہا، اوہ ایک منٹ رکو، اس نے صحیح جواب دیا ہے۔ اس نے بات ادھر ادھر کر دی اور اپنے رویے کے لئے بالکل معافی نہیں مانگی۔

> اس نے مان لیا کہ میں غلط ہوں۔ مجھے غلط ثابت کر کے وہ بورڈ پر اپنا سر پیٹنے لگی۔
>
> اقصیٰ، 2021

حنا کی کہانی - پارک میں

میں ایک ایسے واقعے کا ذکر کرنا چاہوں گی جو پہلی بار ہوا، جس نے مجھے ہلا کر رکھ دیا۔ میں اور میرے شوہر ٹورنٹو کے نواحی علاقوں میں ان کنزرویشن پارکوں میں سے ایک پر گئے تھے۔ یہ موسم خزاں میں ایک خوبصورت دھوپ والا دن تھا، اور پارک کاروں اور لوگوں سے بھرا ہوا تھا۔ موسم شدید گرم تھا۔ جب ہم نے گاڑی کھڑی کی تو ایک سفید، سنہرے بالوں والا مرد تھا جو ہمارے پاس آیا اور اس نے چیخنا شروع کر دیا۔ میں اسے ہراساں کرنا نہیں کہوں گی، لیکن وہ خوشگوار نہیں تھا۔ وہ زور سے چلا رہا تھا اور وہ اپنا ہاتھ ہماری گاڑی کے بونٹ کو مارنے لگا۔ وہ پریشان تھا کہ ہم نے وہاں کوئی جگہ کیوں نہیں چھوڑی، حالانکہ وہاں بہت زیادہ جگہ تھی۔ وہاں بہت سی دوسری کاریں تھیں، اور ہماری گاڑی کسی بھی چیز میں رکاوٹ نہیں بن رہی تھی۔ ہم نے محسوس کیا کہ یہ ایک الگ قسم کا رویہ تھا۔ ایسا محسوس ہوا جیسے ہم جس طرح نظر آتے ہیں وہ اس کی غیر مہذب شخصیت کو متحرک کرتا ہے۔

> "
>
> ایسا محسوس ہوا جیسے ہم جس طرح نظر آتے ہیں وہ اس کی غیر مہذب شخصیت کو متحرک کرتا ہے۔
>

منظم رکاوٹیں

جن کا سامنا کینیڈا میں مسلم تارکین وطن خواتین کوکرنا پڑا

تعارف

،پیاری مسلمان بہنوں

جیساکہ میں نے پہلے ذکر کیا ہے، یہ غیر مستند کتاب کینیڈا کی حکومت کی طرف سے نہیں ہے، لیکن یہ ایک ایسی رہنمائی ہے جو میری کاش جب میں اس ملک میں آئی تھی تو مجھے دی جاتی۔ بہت سی چیزیں تھیں جو میں نے وقت کے ساتھ، مغربی لوگوں کے ساتھ بات چیت کرنے کے بعد سیکھی ہیں۔ ابتدائی طور پر مجھے لگتا تھا کہ میں اکیلی ہوں جسے نظاماتی رکاوٹوں کا سامنا کرنا پڑا۔ تاہم، برسوں کے بعد، مجھے پتہ چلا کہ مجھ جیسی بہت سی مسلمان تارکین وطن خواتین جو اسی طرح کے تجربات سے گزری ہیں۔ یہ تجربات آپ کے سماجی محل وقوع اور معاشی صورتحال کے ساتھ تبدیل ہوتے ہیں۔ مسلم تارکین وطن خواتین کی شناخت کے حوالے سے کچھ عام مغربی دقیانوسی تصورات روزمرہ کی زندگی کو چیلنجوں سے بھر دیتے ہیں۔ پھر بھی مسلم خواتین ہر روز ان چیلنجوں سے ابھرتی ہیں۔ مسلمان تارکین وطن عورتوں کا رویہ ہے کہ وہ دنیا کو فتح کرنے کی طاقت رکھتی ہیں۔ کسی کے کہنے کی فکر کیے بغیر، کسی کی آنکھوں میں دیکھے بغیر صرف زندگی میں اپنے مقصد پر نظر رکھے ہوئے ہیں۔ مغربی، اسلاموفوبک نگاہوں سے ان کو کوئی فرق نہیں پڑتا۔

ٹورنٹو میں مسلمان تارکین وطن خواتین کو مائیکرو جارحیت اور دقیانوسی تصورات کی صورت میں نظامی رکاوٹوں کا سامنا کرنا پڑتا ہے کیونکہ وہ اسلام کی علمبردار ہیں اور اپنی نظریں نیچی رکھتی ہیں۔ تاہم، نگاہیں نیچی کرنے کے لیے ان کے نقطہ نظر کا یہ مطلب نہیں ہے کہ ان کی عزت نفس کم ہے۔ اس رہنما کتاب میں چنی ہوئی کہانیاں اور نظامی رکاوٹوں کے حقیقی زندگی کے واقعات شامل ہیں جن کا مسلمان تارکین وطن خواتین کو کینیڈا میں سامنا کرنا پڑا ہے۔ یہ رہنما کتاب میں ان کی ابھرنے کی طاقت کی مثالیں بھی موجود ہیں اور ان کی کبھی نہ رکتی ہوئی تخلیقی صلاحیتوں کے ذریعے وہ ان نظامی رکاوٹوں کے باوجود، وہ مغرب کی طرف سر اٹھا کر دیکھتی ہیں۔

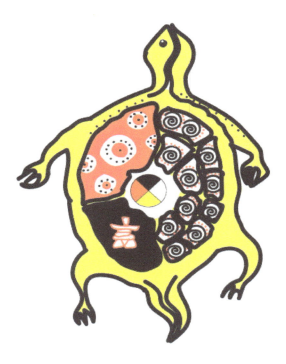

خلود آغا خان

یہ آرٹ کینیڈین مقامی فنکار جم او سکینیگش کی ٹرٹل جزیرہ پیننٹگ سے متاثر ہے جو اوجیبوے وے طرز استعمال کرتا ہے

مگر آپ ان تارکین وطنسے مختلف ہیں
گوروں کے مقابلے میں
جو پہلے یہاں آئے تھے
انہوں نے آبائیوں کی سرزمین پر قبضہ کر لیا
جو کبھی نہیں چاہتے تھے کہ ان سرزمین کو فروخت کیا جائے
جن کے لیے یہ زمین انمول تھی
سونے سے بھی قیمتی
ان مہاجروں نے مقامی زمین پر قبضہ کر لیا
اورانکواپنے رنگ میں ڈھالنے کی کوشش کی
ان کی شناخت ، ان کی زندگی
اور ہر کہانی جوانہوں نے کبھی سنی تھی
اس کو بدلنے کی کوشش کی

ان لوگوں کا احترام کرنا جواصل میں اس زمین کے میزبان ہیں
ابتدا میں آپ ان کے بارے میں مختلف نظریات سنیں گے
لیکن ان کے بارے میں فیصلہ کرنے سے پہلے دوبار سوچنا
وہ لوگ ہیں جنہوں نے کبھی اپنا گھر بانٹا تھا
سچ سے آنکھیں نہ پھیریں
ان لوگوں کو جانیں جو روایات رکھتے ہیں اور
اپنی جڑوں سے رابطے میں ہیں
اسی طرح جیسے ہماری روایات ہیں
جنہوں نے ہم سب کو خوش آمدید کہا
اپنے دل کھول دیے ہیں
اور ہمیں آباد ہونے کے لیے ایک جگہ دے ہے!!

خلود آغا خان

زمین کا اعتراف

اس سے پہلے کہ ہم یہاں مسلم تارکین وطن خواتین کے
تجربات کے بارے میں بات کریں
کچھ ضروری باتیں ہے. جو آپ کو معلوم ہونا چاہیے
خوابوں کی اس سرزمین کے بارے میں
کینیڈا کی ایک چھوٹی سی تاریخ
یہ نام کناٹا سے آیا ہے
ایک خوبصورت گاؤں جہاں آپ بڑھنے کا ارادہ رکھتے ہیں

اگرچہ ہم اس جگہ کو
گوروں کی سرزمین کے طور پر جانتے ہیں
جو انگریزی یا فرانسیسی بولتے ہیں
گورے جن کی سبز یا نیلی آنکھیں ہیں
جنہیں ہم صرف اشرفیہ
اور ترقی یافتہ سمجھتے ہیں
یا صالح اور تعلیم یافتہ ہیں
بغیر کسی لالچ کے

لیکن سچ تو یہ ہے
کہ سچ کبھی نہیں بتایا گیا
یہ کچھوہ جزیرہ مقامی لوگوں کا تھا
جن کے لیے یہ جگہ ان کی ماں تھی
گورے بھی کبھی یہاں تارکین وطن تھے
جیسے آپ اور میں
امن اور بہتر زندگی کی تلاش میں
جو ہر تارکین وطن کی حقیقت ہے

آپ کو دوسروں کو جاننے میں وقت لگے گا
اور ان کے لیے کہ وہ آپ کو جانیں
دوسرے آپ سے ایسے ہی ڈرتے ہیں
جیسے آپ ان سے ڈرتے ہیں
کسی کو نہ جاننا خوف پیدا کرتا ہے
نہ صرف آپ کو بلکہ دوسروں کو بھی

لیکن ان رکاوٹوں کی وجہ سے
مایوس نہیں ہونا
آپ اداس ہو سکتے ہیں اور جو کچھ آپ نے چھوڑا ہے اسے یاد کر سکتے ہیں
لیکن یاد رکھیں کہ آپ یہاں ہیں
ان خوابوں کو یاد رکھیں
جو خواب آپ آنکھوں میں لے کر آئے ہیں
اور انہیں اپنا مقصد بنائیں
جو آپ کی رہنمائی کریں
جو بھی رکاوٹیں آئیں
آپ کو مایوس نہیں ہونا
کیونکہ آپ نے اس زمین کا انتخاب کیا ہے
تاکہ آپ کی نسل خوشحال ہو
پھولے اور پھلے!

خلود آغا خان

وہ قیمت جو ہم کبھی ادا کرنے کے لیے تیار تھے
قیمت ہم نے چند نے ادا کی
ہم ایک مختلف وطن سے آئے ہیں
جس کی ثقافت ، اور نظام عقیدہ مختلف ہے
ہم مختلف نظر آتے ہیں
اور ہمارے خیالات مختلف ہیں
یہی وجہ ہے کہ ہمارے ساتھ مختلف سلوک کیا جاتا ہے
لیکن انھیں یاد دلانا ضروری ہے کہ آپ بھی انسان ہیں
ان کی طرح آپ بھی بیٹی ہیں
ایک بیوی اور ایک ماں ہیں
.جو بہادر ہے اور اپنے مضھب کی علمبردار ہے
.جو کسی سے بھی زیادہ طاقتور ہے
اور ہمیشہ تیز دم ہے
آپ آنے والی نسلوں کی امید ہیں
ان کی آس ہیں
.جو اپنی اور آنے والی نسلیں اور روایات
سب کی حفاظت کرتی ہے

آپ سب سے روشن ہے
.جو سب کے لیے راہ ہموار کرتی ہے
.جو طاقت کا ستون ، ریڑھ کی ہڈی ہے
اور ہر کوئی آپ پر انحصار کرتا ہے

کینیڈا میں خوش آمدید

مواقع کی سرزمین ۔
خوابوں کی سرزمین جہاں خواب سچ ہوتے ہیں
وہ زمین جہاں ہم یقین رکھتے ہیں
نئے آنے والے آباد ہوں گے
ایسے بھی اوقات ہوں گے
جب آپ کو اپنی سرزمین یاد آئے گی
وہ جو آپ کی اصل کی جگہ
آپ کی جڑیں ، آپ کے والدین
شاید بچپن کے کھانے کا ذائقہ
یہ یادیں آپ کو اداس کر سکتی ہیں
لیکن جو بڑے خواب آج آپ کی آنکھوں میں ھیں
انہیں یاد رکھیں
وہ وجوہات جن کی وجہ سے آپ یہاں آئے
انیس سال پہلے ، جب میں یہاں آئی تھی
میں صرف تین چیزیں جانتی تھی
میرے خاندان کا مستقبل ، اعلیٰ تعلیم اور
دنیا کے ترقی یافتہ ملک میں میرے بچوں کی پرورش
بہتر پرامن زندگی کی تلاش
جو ان کا حق ہے
تاہم ، اس پرامن زندگی
کی اپنی ایک قیمت ہے
وہ قیمت جو ہم ادا کرنے کے لیے تیار تھے
قیمت ہم نے چند نے ادا کی

یہ غیر مستند رہنما کتاب کینیڈا کی حکومت نے نہیں لکھی ہے۔ بلکہ، یہ کینیڈا کی مسلم تارکین وطن خواتین کے تجربات پر مبنی ہے جن کی مصنفہ اوآئی زی، یونیورسٹی آف ٹورنٹو (2021) میں ای ڈی ڈی (ڈاکٹریٹ آف ایجوکیشن) کی ڈگری کے لیے انٹرویو کر رہی تھی۔ یہ رہنما کتاب عملی طور پر مقالہ ہے اور مکمل مقالہ اوآئی زی کی لائبریری میں دستیاب ہے۔

اس رہنما کتاب میں ایسی تصاویر شامل کی گئی ہیں جو پڑھنے والے کے لیے واقعات کو سمجھنے میں مدد کے لیے بنائی گئی ہیں۔ مصنفہ نے تمام اشعار اور بصری تخلیق خود کی ہے جب تک کہ مخصوص اور حوالہ نہ دیا گیا ہو۔

اس رہنما کتاب میں کہانیاں حقیقی ہیں اور حقیقی زندگی کے واقعات ہیں جنہیں مطالعہ کے شرکاء نے بانٹا ہے جن کا نام ظاہر نہیں کیا گیا ہے۔ ان کو کریڈٹ دینے کے لیے تخلص استعمال کیے گئے ہیں۔ تاہم، تصاویر محض افسانہ ہیں اور کسی حقیقی زندگی کے کرداروں / لوگوں سے مشابہت نہیں رکھتیں۔ یہ تصورات صرف ان قارئین کی مدد کے لیے ہیں جن کی پہلی زبان انگریزی نہیں ہے۔

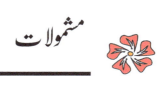

مشمولات

آئینہ اور عکاسی

اپنی طاقت کی پہچان: ایک مسلمان تارکین وطن بہن سے دوسری کو

غیرمستند رہنما کتاب

مصنفہ خلود آغا خان

مصنف کے بارے میں

خلود آغا خان - ای ڈی ڈی، ٹورنٹو یونیورسٹی سے ڈاکٹر آف ایجوکیشن۔

میں پاکستان میں پیدا ہوئی، سعودی عرب میں رہی، 19 سال پہلے کینیڈا ہجرت کر گئی اور اب کینیڈا کی شہری ہوں۔ یہ گائیڈ بک "آئینہ اور عکاسی: آپ کی طاقت کو جاننا: ایک مسلمان تارکین وطن بہن سے دوسری تک" ایک ایسی کتاب ہے جو کاش مجھے ملتی جب میں یہاں کینیڈا آئی تھی، تاکہ میں مشکلوں اور نظامی رکاوٹوں کا مقابلہ کرنے کے لیے بہتر طور پر تیار ہوتی۔ میرے نزدیک تبدیلی کا مطلب یہ نہیں ہے کہ مسلمان تارکین وطن خواتین کو غیر فعال، دبے ہوئے یا دکیانوس کے طور پر پیش کیا جائے جیساکہ وہ مستشرقین کے نظریے میں دیکھی جاتی ہیں، بلکہ ان کو ان کے اپنے طریقے سے بااختیار دیکھنا ہے۔ والدین، پدرانہ اور مذہبی اختیار کی وجہ سے مسلمان تارکین وطن خواتین اکثر کمزور سمجھی جاتی ھیں۔ میرا اپنا نظریہ بدلا جب میں نے ان حیرت انگیز خواتین کا انٹرویو کیا اور تحقیقی ورکشاپ کے ذریعے ان سے ملاقات کی اور محسوس کیا کہ وہ میرے اپنے تعصبات سے بہت مختلف تھیں۔ یہ خواتین کمزور نہیں تھیں۔ ان خواتین نے اپنے والدین، پدرانہ یا مذہبی اقتدار کو قبول کیا اور یہ دعویٰ کیا کہ وہ انکے وجود کا حصہ ہیں۔ انہوں نے ذکر کیا کہ وہ کس طرح مذہب اور اپنے بزرگوں پر یقین رکھتے ہیں، لیکن یہ ان کی خودی کی تکمیل میں رکاوٹ سے زیادہ ان کی طاقت تھی۔ اقدار، مذہب اور بزرگوں کے بارے میں بات کرتے وقت وہ اکثر احترام اور شائستگی کے الفاظ استعمال کرتی تھیں۔ مجھے یقین ہے کہ یہ رواج ان کی خود اعتمادی میں اضافہ کرتی ہے۔ اس گائیڈ بک کے ساتھ، میرا مقصد کینیڈا میں مسلمان تارکین وطن خواتین کے بارے میں تاثر میں تبدیلی لانا ہے تاکہ وہ ان کی شکل، اقدار یا زبان سے پرکھے بغیر ان کی اعلیٰ خود اعتمادی کو دیکھ سکیں کیونکہ جب انہیں موقع دیا جاتا ہے تو وہ اپنے دائرہ اقتدار میں چمکتی ہیں۔

آئینہ اور عکاسی

اپنی طاقت کی پہچان: ایک مسلمان تارکین وطن بہن سے دوسری کو

غیرمستند رہنما کتاب

مصنفہ خلود آغا خان

CPSIA information can be obtained
at www.ICGtesting.com
Printed in the USA
BVHW022346230722
642825BV00003B/13/J